© Verlag Zabert Sandmann
München
1. Auflage 2008
ISBN 978-3-89883-222-9

Grafische Gestaltung	Georg Feigl
Rezept- und Stepfotos	Andrea Kramp, Bernd Gölling
Porträtfotos	Dirk Schmidt (Näheres siehe Bildnachweis)
Redaktion	Eva-Maria Hege, Alexandra Schlinz, Kathrin Ullerich
Mitarbeit	Hagen Schäfer, Nico Schiller
Herstellung	Karin Mayer, Peter Karg-Cordes
Lithografie	Christine Rühmer
Druck & Bindung	Mohn media Mohndruck GmbH, Gütersloh

 Beim Druck dieses Buchs wurde durch den innovativen Einsatz der Kraft-Wärme-Kopplung im Vergleich zum herkömmlichen Energieeinsatz bis zu 52% weniger CO₂ emittiert. *Dr. Schorb, ifeu.Institut*

»Polettos Kochschule« im NDR Fernsehen, Redaktion: Christian Stichler.
Lizenziert durch Studio Hamburg Distribution & Marketing GmbH, Koordination: Petra Rönnfeldt.

Besuchen Sie uns auch im Internet unter www.zsverlag.de

Cornelia Poletto

Polettos *Kochschule*

Inhalt

Vorwort 6

Antipasti 10

Suppen 32

Pasta & Risotto 48

Fisch & Meeresfrüchte 84

Geflügel & Wild 106

Fleisch 128

Dolci 150

Register 166

Konzentration auf das Wesentliche:
Cornelia Poletto

Wenn es um die Kunst des Kochens geht, dann blicken wir Norddeutschen manchmal etwas neidisch auf den Süden. Was dort zwischen Bayerischem Wald und Breisgau alles angebaut und aufgetischt wird, verschlägt uns Nordlichtern fast den Atem. Es gilt das allgemeine Vorurteil, im Süden der Republik werde besser gekocht als im Norden. Und so verwundert es nicht, dass, wenn man die großen Köche reden hört, meistens ein badischer, schwäbischer oder bayerischer Zungenschlag zu vernehmen ist.

Mancher geht bei der Ursachenforschung weit in die Geschichte zurück. Es müssen wohl die Römer gewesen sein, die die Kochkunst aus dem Süden über die Alpen getragen haben. Und nur weil bei uns ein paar Germanenstämme so heldenhaft ihr Revier verteidigt haben, sind wir im Norden von den kulinarischen Fähigkeiten unserer potenziellen Eroberer verschont geblieben. Heute könnte man das fast bedauern.

Dass der Norden trotzdem kulinarisch noch mehr zu bieten hat als Labskaus, Grünkohl und Kutterscholle, das zeigt Cornelia Poletto. Wobei man sogleich einräumen muss: Eine gewisse Beeinflussung durch die eher südlich beheimatete Kochkunst ist auch bei ihr nicht zu leugnen. Schließlich hat sie ihre Ausbildung bei Heinz Winkler in Aschau am Chiemsee absolviert, und ihre Spezialität ist nun einmal die italienische Küche. Aber Cornelia Poletto wurde in Hamburg geboren und ist auch wieder in die Hansestadt zurückgekehrt. Hier in Hamburg hat sie bei Anna Sgroi als Souschefin gearbeitet, und hier hat sie im Jahr 2000 auch ihr erstes eigenes Restaurant eröffnet.

Vorwort

Dass wir vom NDR schon bald auf die junge erfolgreiche Köchin aufmerksam geworden sind, liegt nicht nur an der vorzüglichen Küche, die Cornelia Poletto mit ihrem Team jeden Tag bietet, sondern sie beeindruckte uns auch mit ihrer frischen, unprätentiösen Art. 2003 berichtete das NDR Fernsehen zum ersten Mal über die junge Köchin. Danach war sie Gast in verschiedenen Talksendungen, bis sie schließlich im Herbst 2007 bei uns ihre erste eigene Fernsehsendung bekam. Es passt zur Erfolgsgeschichte von Cornelia Poletto, dass auch ihre Sendung von Anfang an bei unseren Zuschauern auf ein großes Interesse stieß. Im Herbst 2008 ist sie in eine neue TV-Küche umgezogen, in der jetzt auch Publikum Platz findet.

Ihrer klaren Linie bleibt Cornelia Poletto weiterhin treu. Egal, ob unsere Konkurrenten ihre Köche in die Arena schicken oder das Zubereiten von Speisen als reinen Wettkampf inszenieren – Cornelia Poletto konzentriert sich in ihrer Sendung auf das Wesentliche: auf ihr Gericht und ihren Gast. In 30 Minuten zeigt sie, dass man ihre Sterneküche auch zu Hause nachkochen kann, zumindest annähernd.

Und wenn Ihnen, liebe Leserinnen und Leser, doch noch einmal das bewegte Bild zum Rezept fehlen sollte, dann schauen Sie einfach rein. Bei uns im NDR Fernsehen gibt es jeden Sonntag um 16.30 Uhr eine neue Folge von »Polettos Kochschule«. Unsere Kollegen vom SR zeigen die Reihe zeitversetzt samstags um 18.15 Uhr.

In diesem Sinn wünsche ich Ihnen viel Spaß beim Nachkochen der Rezepte! Ihr

Volker Herres

Programmdirektor Fernsehen
Norddeutscher Rundfunk

Entdecken Sie mit mir
die Leidenschaft am Kochen

Kochen ist Lust! Kochen ist Lebensfreude! Kochen ist Genuss! Immer wenn ich abends in meinem Restaurant sehe, dass es meinen Gästen geschmeckt hat, oder wenn meine Tochter ihren Teller Pasta wieder bis auf die letzte Nudel leer gegessen hat oder wenn ich mit Freunden zusammen in der Küche stehe – dann weiß ich: Kochen ist mein Leben! Ich könnte für nichts auf der Welt darauf verzichten.

Dabei ist es fast gleichgültig, was man kocht. Es kommt darauf an, wie man es zubereitet und welche Produkte man verwendet. Uns Sterneköchen wirft man oft vor, dass man das, was wir in unseren Restaurants auf den Teller zaubern, ja zu Hause sowieso nicht nachkochen kann. Das müssen Sie auch nicht. Aber vieles, worauf ich jeden Tag in meinem Restaurant achte, gilt genauso für die Alltagsküche.

Das fängt bei den Produkten an: Kaufen Sie Ihr Gemüse nicht im Supermarkt. Kaufen Sie nicht im Winter Erdbeeren und im Herbst Spargel. Suchen Sie sich einen Gemüsehändler oder einen Metzger, dem Sie vertrauen. Und kaufen Sie das, was die Saison zu bieten hat. Wir haben so tolle heimische Produkte! Mit diesen und ein paar ausgefallenen Zutaten können Sie die schönsten Gerichte zubereiten. Und noch eines möchte ich Ihnen mit auf den Weg geben: Ein gutes Essen braucht Zeit. Nehmen Sie sich diese Zeit!

Viele Ideen aus meiner Küche möchte ich Ihnen in diesem Buch zeigen und ans Herz legen. Ich will Sie davon überzeugen, dass auch Sie mit guten Produkten und wenigen Grundkenntnissen wunderbare Gerichte kochen können. Und ich will Ihnen zeigen, wie leicht Sie sich mit meinen Rezepten ein Stück der italienischen Kochkultur nach Hause holen können.

Was ich in »Polettos Kochschule« im Fernsehen zeige, das können Sie in diesem Buch zum ersten Mal gesammelt nachlesen. Weil bei jedem Rezept die wichtigsten Zubereitungsschritte als Foto gezeigt werden, können Sie sich schon vorher ein Bild davon machen, wie das Gericht Step by Step entsteht.

Vorwort

Haben Sie Mut, probieren Sie die Rezepte aus, weichen Sie auch mal ab, versuchen Sie es mit Alternativen. Sie werden merken, Kochen hat etwas mit Kreativität zu tun. Auf dieser können Sie aufbauen. Sie können sie mit Ihren eigenen Erfahrungen kombinieren. Und geben Sie nicht auf! Kochen braucht Zeit und erfordert eine gute Organisation, aber die Mühe lohnt sich. Wenn Sie mit meinem Buch diesen Weg gehen, dann bin ich sicher, dass Kochen auch für Sie zu einer großen Leidenschaft werden kann.

Herzlichst Ihre

Cornelia Poletto

Antipasti

»Für mich ist ein gutes Antipasto die perfekte Art, um sich auf ein leckeres Hauptgericht einzustimmen. Zugegeben: Gute Antipasti können durchaus Arbeit machen. Aber dafür lassen sich die italienischen Vorspeisen in aller Regel gut vorbereiten und aufbewahren. Und wer es nicht so kompliziert mag, für den gibt es auch ganz einfache Gerichte: etwas marinierten Fisch mit Zitronensaft, Olivenöl und Meersalz, fertig!«

Antipasti

Beim Putzen der Calamaretti Kopf und Arme mit den Innereien aus den Körperbeuteln ziehen.

Die Calamaretti mit der Pimientos-Oliven-Masse füllen und mit Zahnstochern verschließen.

Pimientos und Tomaten zu einer Paste pürieren und auf die gerösteten Brotscheiben streichen.

Die gefüllten Calamaretti in einer Grillpfanne bei mittlerer Hitze rundum goldbraun braten.

Antipasti 13

Gefüllte Calamaretti auf Pimientos-Crostini

Zutaten für 4 Personen

Für die Calamaretti:

12 mittelgroße Calamaretti
(kleine Tintenfische)
80 g Pimientos Asados
(siehe Tipp)
60 g schwarze Oliven
(entsteint)
60 g Merguez (marokkan. Bratwurst; ersatzweise Chorizo)
2 EL Olivenöl
3 EL Tomatenwürfel
(gehäutet und entkernt)
30 g Mie de Pain
(fein geriebenes Weißbrot)
1 EL fein geschnittene Kräuter
(z.B. Estragon und Basilikum)
Fleur de Sel
Pfeffer aus der Mühle

Für die Crostini:

3 EL Olivenöl
12 dünne Scheiben Ciabatta
1 Knoblauchzehe
140 g Pimientos Asados
160 g getrocknete Tomaten
(in Öl eingelegt)
Fleur de Sel
Pfeffer aus der Mühle
1 EL Estragon
(fein geschnitten)

1 Die Calamaretti putzen. Dafür Kopf und Arme mit den Innereien aus dem Körperbeutel ziehen und das durchsichtige Fischbein entfernen. Den Kopf von den Tintenfischarmen abtrennen und darauf achten, dass dabei auch der harte »Schnabel« entfernt wird. Die dunkle Haut von den Körperbeuteln abziehen. Die Tintenfischbeutel und -arme unter fließendem kaltem Wasser waschen und trocken tupfen. Die Tintenfischarme klein schneiden.

2 Für die Füllung die Pimientos auf Küchenpapier abtropfen lassen und in kleine Würfel schneiden. Die Oliven in feine Ringe schneiden. Die Merguez aus der Pelle drücken und grob hacken. In einer Pfanne 1 EL Olivenöl erhitzen und die Merguez darin leicht anbraten, danach die Tintenfischarme dazugeben. Pimientos, Oliven, Tomatenwürfel, Mie de Pain und Kräuter hinzufügen und kurz durchschwenken. Die Masse etwas abkühlen lassen und mit Fleur de Sel und Pfeffer abschmecken. Die abgekühlte Masse in die Calamaretti füllen und jeweils mit einem Zahnstocher verschließen.

3 Für die Crostini das Olivenöl in einer großen Pfanne erhitzen und die Brotscheiben darin portionsweise auf beiden Seiten goldbraun rösten. Auf Küchenpapier abtropfen lassen und mit der halbierten Knoblauchzehe einreiben.

4 Die Pimientos und getrockneten Tomaten auf Küchenpapier abtropfen lassen, grob zerkleinern und mit dem Stabmixer zu einer feinen Paste pürieren. Mit Fleur de Sel und Pfeffer würzen und den Estragon unterrühren.

5 Das restliche Olivenöl in einer Grillpfanne erhitzen und die gefüllten Calamaretti darin rundum goldbraun braten. Die gerösteten Crostini mit der Tomatenpaste bestreichen und die gefüllten Calamaretti darauf anrichten. Nach Belieben mit gemischten Salat- oder Kräuterblättern garnieren.

Mein Tipp

Pimientos Asados, gegrillte und in Olivenöl eingelegte Paprikaschoten, sind eine spanische Spezialität. Sie sind aromatisch-würzig und schmecken leicht scharf. Man bekommt sie im Internetversand, oder Sie fragen in Ihrem Feinkostladen.

Antipasti

Den Pulpo im Weinsud weich köcheln. Die Weinkorken verhindern, dass der Tintenfisch zäh wird.

Den Pulpo putzen. Dafür den Kopf abtrennen und die weiche Haut zwischen den Armen entfernen.

Den Tintenfisch in grobe Stücke schneiden und in einer Grillpfanne auf beiden Seiten goldbraun braten.

Die gegrillten Paprikaviertel unter einem feuchten Küchentuch abkühlen lassen und dann häuten.

Lauwarmer Salat von gegrillter Paprika und Pulpo

Zutaten für 4 Personen

Für den Pulpo:

1 Möhre
4 Stangen Staudensellerie
1 Gemüsezwiebel
ca. 800 g Pulpo (Krake)
1/2 Knoblauchknolle
Meersalz
1 EL weiße Pfefferkörner
1 Lorbeerblatt
50 ml trockener Weißwein
1 EL Olivenöl
Salz · Pfeffer aus der Mühle

**Für die Paprika und
die Kartoffeln:**

je 2 gelbe und rote Paprikaschoten · ca. 3 EL Olivenöl
Salz · Pfeffer aus der Mühle
16 kleine festkochende Kartoffeln · grobes Meersalz

Für die Salsa verde:

1 Knoblauchzehe
2 eingelegte Sardellenfilets
je 4 EL Schnittlauchröllchen
und Petersilie (fein geschnitten)
abgeriebene Schale von 1 unbehandelten Zitrone
1 TL Kapern
(in Meersalz eingelegt)
120 ml Olivenöl · Fleur de Sel
Pfeffer aus der Mühle
Weißweinessig

1 Für den Pulpo die Möhre und den Sellerie putzen und schälen bzw. waschen, die Gemüsezwiebel schälen. Alles in kleine Würfel schneiden. Den Pulpo waschen und trocken tupfen, mit den Gemüsewürfeln, dem Knoblauch und den Gewürzen in einen ausreichend großen Topf geben. Den Wein hinzufügen und so viel kaltes Wasser angießen, dass alles gut bedeckt ist. Einige Weinkorken dazugeben und alles zum Kochen bringen. Den Pulpo dann bei schwacher Hitze 30 bis 45 Minuten köcheln lassen, bis er weich ist.

2 Den Pulpo herausnehmen, leicht abkühlen lassen und putzen. Dafür den Kopf abtrennen und die Haut zwischen den Armen entfernen. Den Pulpo in grobe Stücke schneiden und in einer Grillpfanne im Olivenöl auf beiden Seiten goldbraun braten. Mit Salz und Pfeffer würzen.

3 Für die Paprika den Backofengrill einschalten. Die Paprikaschoten vierteln, entkernen, waschen und trocken tupfen. Ein Backblech mit etwa 1 EL Olivenöl beträufeln und die Paprikaviertel darauflegen. Die Schoten im Ofen auf der mittleren Schiene 10 bis 15 Minuten grillen, bis die Haut fast schwarz ist und Blasen wirft. Die Paprikaviertel aus dem Ofen nehmen, mit einem feuchten Küchentuch bedecken und auskühlen lassen. Danach die Paprikaviertel häuten und in der Grillpfanne in 1 EL Olivenöl auf beiden Seiten braten. Die Schoten nochmals vierteln und mit Salz und Pfeffer würzen.

4 Für die Kartoffeln die Kartoffeln gründlich abbürsten, in einem Topf mit kaltem Wasser bedecken, salzen und aufkochen. Die Kartoffeln bissfest garen, abgießen und kalt abschrecken. Mit der Schale längs halbieren und in der Grillpfanne im restlichen Olivenöl braten, danach mit Salz und Pfeffer würzen.

5 Für die Salsa verde den Knoblauch schälen und halbieren, die Sardellenfilets hacken. Knoblauch und Sardellen mit den anderen Zutaten in einen hohen Rührbecher geben und mit dem Stabmixer fein pürieren, dabei nach und nach das Olivenöl dazugeben und untermixen. Pulpo, Paprikastücke und Kartoffeln in eine große Schüssel geben und mit der Salsa verde mischen. Mit Fleur de Sel, Pfeffer und Essig abschmecken.

Mein Tipp

Pulpo ist ein achtarmiger Tintenfisch mit sackförmigem Körper, der eiweißreiches und sehr fettarmes Fleisch besitzt. Sie sollten einen Pulpo immer lauwarm putzen – dann lässt sich die weiche Haut zwischen den Armen leichter entfernen.

Antipasti

Tomatenpizzette mit Sardinenfilets

Zutaten für 4 Personen
4 Blätterteigscheiben (tiefgekühlt; à 100 g)
400 g Perlzwiebeln
4 EL Zucker
8 Zweige Thymian
200 ml trockener Weißwein
Fleur de Sel
Pfeffer aus der Mühle
Mehl zum Ausrollen
ca. 200 ml Tomatensugo (Rezept siehe S. 50)
ca. 32 Ofentomatenfilets (Rezept siehe S. 50)
4–6 Sardinen
Saft von ½ Zitrone
80 ml Olivenöl

1 Die Blätterteigscheiben auftauen lassen. Die Perlzwiebeln in lauwarmem Wasser 30 Minuten einweichen und schälen. Den Zucker in einer Pfanne goldgelb karamellisieren. Die Perlzwiebeln mit der Hälfte der Thymianzweige dazugeben und andünsten. Mit dem Wein ablöschen, mit Fleur de Sel und Pfeffer würzen und einmal aufkochen. Die Perlzwiebeln bei mittlerer Hitze 15 bis 20 Minuten weich garen, dann auskühlen lassen und halbieren.

2 Den Backofen auf 180 °C vorheizen. Die Blätterteigscheiben auf der bemehlten Arbeitsfläche jeweils dünn ausrollen. Mithilfe eines Tellers Kreise mit etwa 15 cm Durchmesser ausschneiden und die Teigböden mit einer Gabel mehrmals einstechen. Die Teigböden auf ein mit Backpapier ausgelegtes Backblech legen und im Ofen auf der mittleren Schiene etwa 15 Minuten vorbacken. Die Teigböden herausnehmen und die Backofentemperatur auf 160 °C reduzieren.

3 Die Teigböden mit dem Tomatensugo bestreichen, mit den Perlzwiebeln und Ofentomatenfilets belegen und im Ofen auf der mittleren Schiene nochmals etwa 10 Minuten backen.

4 Die Sardinen putzen, in Filets teilen und die Gräten entfernen. Die Sardinenfilets kalt abbrausen, trocken tupfen und in eine ofenfeste Pfanne geben, mit Zitronensaft beträufeln und mit Olivenöl bedecken. Die restlichen Thymianzweige dazugeben und die Sardinenfilets mit Backpapier abgedeckt im Ofen auf der untersten Schiene 5 bis 7 Minuten mit den Pizzette mitgaren. Mit Fleur de Sel und Pfeffer würzen.

5 Die Pizzette aus dem Ofen nehmen, mit den Sardinenfilets belegen und nach Belieben mit Buschbasilikumspitzen garnieren.

Mein Tipp
Damit es keinen Stress gibt, wenn Gäste kommen, können Sie die Blätterteigböden auch prima am Vortag vorbacken und dann am besten in einer gut verschließbaren Keksdose aufbewahren. Dann wie im Rezept beschrieben belegen und fertig backen.

Antipasti 17

Aus dem dünn ausgerollten Blätterteig mithilfe eines Tellers Kreise ausschneiden.

Die Teigböden mehrmals mit einer Gabel einstechen und im vorgeheizten Ofen vorbacken.

Die Pizzette mit Tomatensugo bestreichen, dann mit Perlzwiebeln und Ofentomatenfilets belegen.

Die Sardinen putzen, in Filets teilen und die Gräten entfernen.

Antipasti

Die Auberginen mit Salz bestreuen, mit einer Schüssel beschweren und 30 Minuten ziehen lassen.

Die vorbereiteten Zutaten für die Caponata mischen und nach Belieben mit Olivenöl abschmecken.

Das Basilikum mit dem Olivenöl mixen. Das Öl durch ein feines Sieb gießen und auffangen.

Von den Garnelen die Köpfe abdrehen und die Garnelen der Länge nach halbieren.

Antipasti 19

Auberginen-Caponata
mit Garnelen und Basilikumöl

Zutaten für 4 Personen
Für die Caponata:

2 Auberginen · Salz
4 Strauchtomaten
8 Stangen Staudensellerie
2 Schalotten
8 große grüne Oliven
(z. B. Bella di Cerignola;
entsteint)
4 EL Olivenöl
100 ml milder Weißweinessig
2 EL Zucker
50 g Kapern
(in Meersalz eingelegt)
4 EL geröstete Pinienkerne
Fleur de Sel
Pfeffer aus der Mühle

Für das Basilikumöl:

1 Bund Basilikum
100 ml Olivenöl

Für die Garnelen:

8 große Garnelen
2 EL Olivenöl
Fleur de Sel
Pfeffer aus der Mühle

1 Für die Caponata die Auberginen putzen, waschen und in Scheiben schneiden. Mit Salz bestreuen, mit einer Schüssel beschweren und 30 Minuten ziehen lassen. Inzwischen die Tomaten überbrühen, kalt abschrecken, häuten, vierteln und entkernen. Die Tomatenviertel in kleine Würfel schneiden. Den Sellerie putzen, waschen und in Scheiben schneiden. Die Schalotten schälen und ebenso wie die Oliven in kleine Würfel schneiden

2 Die Auberginen mit Küchenpapier trocken tupfen. In einer Pfanne 3 EL Olivenöl erhitzen und die Auberginenscheiben darin portionsweise auf beiden Seiten goldbraun braten. Die Auberginenscheiben auf Küchenpapier abtropfen lassen und vierteln.

3 Den Essig in einem kleinen Topf mit dem Zucker aufkochen und einköcheln lassen, bis etwa 3 EL Flüssigkeit übrig bleiben. Das restliche Olivenöl erhitzen, den Sellerie und die Schalotten darin andünsten. Sellerie und Schalotten in einer großen Schüssel mit den Auberginen, den Tomaten- und Olivenwürfeln, den Kapern und 2 EL Pinienkernen mischen. Die Caponata mit Fleur de Sel, Pfeffer, der Essigreduktion und nach Belieben etwas Olivenöl abschmecken.

4 Für das Basilikumöl das Basilikum waschen, trocken schütteln und die Blätter abzupfen. Die Basilikumblätter mit dem Olivenöl mixen und durch ein feines Sieb gießen.

5 Von den Garnelen die Köpfe abdrehen, die Garnelen der Länge nach halbieren und jeweils den dunklen Darm entfernen. Die Garnelenhälften waschen und trocken tupfen. Das Olivenöl in einer Pfanne erhitzen und die Garnelen darin auf beiden Seiten etwa 2 Minuten braten. Mit Fleur de Sel und Pfeffer würzen.

6 Zum Anrichten die Auberginen-Caponata kurz in einer Pfanne erwärmen und auf Tellern anrichten. Jeweils 2 Garnelen darauflegen und mit dem Basilikumöl umgießen. Mit den restlichen Pinienkernen und nach Belieben mit frittierten Basilikumblättern garnieren.

Mein Tipp

Besonders dekorativ sieht es aus, wenn Sie die Auberginen-Caponata mithilfe eines Metallrings auf den Tellern anrichten. Sie können die Caponata kalt oder lauwarm servieren und dazu zum Beispiel frisch geröstete Crostini reichen.

Gegrillte Jakobsmuscheln mit Mango-Apfel-Vinaigrette

Zutaten für 4 Personen
8 Jakobsmuscheln
(in der Schale) · Salz
1 Kopf Mini-Romanasalat
1 Mango · 1 Apfel
Saft von 1 Limette
1 TL Honig
4 EL Olivenöl
1 EL Schnittlauchröllchen
1 EL Koriander
(fein geschnitten)
Fleur de Sel
ca. 1 TL »Polettos Fischfeuer«
(Fischgewürz)

1 Die Jakobsmuscheln unter fließendem kaltem Wasser gründlich abbürsten. Jede Muschel mit der flachen Seite nach oben in die Hand nehmen und mit einem kurzen Messer am Schalenrand entlangfahren, um den Schließmuskel zu durchtrennen. Die obere Schale entfernen und das Muschelfleisch auslösen. Das gräuliche äußere Fleisch von dem weißen Fleisch und dem orangefarbenen Rogen abziehen. Das weiße Fleisch und den Corail unter fließendem kaltem Wasser gründlich säubern und mit Küchenpapier trocken tupfen. Die Jakobsmuschelschalen in Salzwasser sauber auskochen.

2 Den Romanasalat putzen, waschen und trocken schleudern, die harten Blattrippen entfernen und die Blätter in mundgerechte Stücke zupfen. Das Mangofruchtfleisch beidseitig der Länge nach in breiten Scheiben vom Stein schneiden. Die Mangoscheiben schälen und in kleine Würfel schneiden. Den Apfel vierteln, schälen, entkernen und ebenfalls in kleine Würfel schneiden.

3 Den Limettensaft mit dem Honig, dem Olivenöl und den Kräutern verrühren. Mit den Mango- und Apfelwürfeln mischen und die Vinaigrette mit Fleur de Sel und »Polettos Fischfeuer« abschmecken.

4 Den Backofengrill einschalten. Die Salatblätter auf die Muschelschalen verteilen. Die Jakobsmuscheln darauf anrichten und jeweils mit etwas Mango-Apfel-Vinaigrette beträufeln. Die gefüllten Muschelschalen unter dem Backofengrill 5 bis 10 Minuten grillen, dabei die Jakobsmuscheln einmal wenden.

5 Die Jakobsmuscheln mit Fleur de Sel und »Fischfeuer« nachwürzen, mit der restlichen Vinaigrette übergießen und sofort servieren.

Mein Tipp
Damit Kräuter ihr Aroma voll entfalten können, sollte man sie nur kurz waschen und erst direkt vor der Verwendung klein schneiden. Benutzen Sie ein scharfes Messer, damit die Blätter nicht gequetscht werden und keine wertvollen Aromastoffe verloren gehen.

Antipasti 21

Das Mangofruchtfleisch beidseitig der Länge nach in breiten Scheiben vom Stein schneiden.

Die Mangoscheiben schälen und in kleine Würfel schneiden.

Mango- und Apfelwürfel mit Limettensaft, Honig, Olivenöl und Kräutern verrühren.

Das Muschelfleisch mit dem Salat und etwas Vinaigrette auf die Schalen verteilen.

Antipasti

Das Ochsenfilet zunächst in dünne Scheiben und dann in feine Würfel schneiden.

Den Schnittlauch waschen, trocken schütteln und in feine Röllchen schneiden.

Die vorbereiteten Zutaten für das Tatar in eine Schüssel geben und gründlich miteinander mischen.

Von einem Laib Landbrot 4 dünne Scheiben abschneiden und in Olivenöl goldbraun rösten.

Tatar vom Ochsenfilet mit geröstetem Landbrot

Zutaten für 4 Personen
Für das Tatar:
400–600 g Ochsenfilet
2 Schalotten
1 EL Kapern
(in Meersalz eingelegt)
2 eingelegte Sardellenfilets
1 Bund Schnittlauch
2 Eigelb
8 EL Olivenöl
Fleur de Sel
Pfeffer aus der Mühle
Cayennepfeffer (oder Tabasco)
Worcestersauce · ½ EL Senf

Für das geröstete Landbrot:
3 EL Olivenöl
4 Scheiben Landbrot
1 Zweig Thymian
1 Knoblauchzehe

1 Für das Tatar das Ochsenfilet waschen, trocken tupfen und in feine Würfel schneiden. Die Schalotten schälen und ebenfalls in feine Würfel schneiden. Die Kapern und Sardellenfilets hacken. Den Schnittlauch waschen, trocken schütteln und in feine Röllchen schneiden. Fleisch, Schalotten, Kapern, Sardellen und die Hälfte der Schnittlauchröllchen mit den Eigelben und dem Olivenöl in eine Schüssel geben und gründlich mischen. Das Ochsentatar mit Fleur de Sel, Pfeffer, Cayennepfeffer oder Tabasco, Worcestersauce und Senf abschmecken.

2 Für das geröstete Landbrot das Olivenöl in einer Pfanne erhitzen. Die Brotscheiben mit dem Thymian dazugeben und auf beiden Seiten goldbraun rösten. Die Brote aus der Pfanne nehmen und auf Küchenpapier abtropfen lassen. Den Knoblauch schälen und halbieren, mit den Schnittflächen die gerösteten Brote einreiben.

3 Einen Metallring nacheinander auf die Brote setzen und jeweils mit Ochsentatar füllen. Den Ring vorsichtig abziehen und das Tatar mit den restlichen Schnittlauchröllchen bestreuen. Die Brote nach Belieben mit Löwenzahn-, Friséesalat- und Basilikumblättern garnieren.

Mein Tipp
Wenn Sie beim Metzger kein Ochsenfilet bekommen, können Sie das Tatar natürlich auch ganz klassisch mit Rinderfilet zubereiten. Eine ausgefallene Variante, die Sie auch einmal probieren sollten, ist Tatar vom Bisonfilet.

Carpaccio-Crostini
mit Rucola und Parmesan

Zutaten für 8 Crostini

6 EL Olivenöl
8 Scheiben Baguette
2 Knoblauchzehen
4 Zweige Thymian
ca. 100 g Rinderfilet
Öl für die Folie
1 TL alter Aceto balsamico
1 Spritzer Zitronensaft
je 1 TL Rosmarin, Thymian und
Petersilie (fein geschnitten)
Fleur de Sel
Pfeffer aus der Mühle
50 g Rucola
50 g Parmesan (am Stück)

1 In einer großen Pfanne 3 EL Olivenöl erhitzen, die Baguettescheiben mit dem Knoblauch und den Thymianzweigen darin auf beiden Seiten goldbraun rösten. Die Brote aus der Pfanne nehmen und auf Küchenpapier abtropfen lassen. Den Knoblauch schälen und halbieren, mit den Schnittflächen die gerösteten Brote einreiben.

2 Das Rinderfilet in 8 dünne Scheiben schneiden und zwischen zwei Lagen geölter Frischhaltefolie mit dem Plattiereisen flach klopfen.

3 Das restliche Olivenöl mit dem Essig und dem Zitronensaft zu einer Marinade verrühren. Die Kräuter untermischen und die Marinade mit Fleur de Sel und Pfeffer würzen. Den Rucola verlesen, waschen und trocken schleudern, grobe Stiele entfernen. Die Rucolablätter mit der Marinade beträufeln und auf den Baguettescheiben verteilen.

4 Die Rinderfiletscheiben durch die restliche Marinade ziehen und abtropfen lassen, mit Meersalz nach Belieben (siehe Tipp) und Pfeffer würzen. Jeweils 1 Filetscheibe auf die Crostini legen. Den Parmesan mit dem Sparschäler in groben Spänen über die Carpaccio-Crostini hobeln.

Mein Tipp

Einen besonderen Würzkick bekommen die Crostini, wenn Sie sie mit verschiedenen Meersalzen wie Zitronen- oder Olivenmeersalz servieren. Ein leichtes Räucheraroma haben Smoked Salt Flakes, die man ebenso wie die anderen Sorten im Feinkostladen bekommt.

Antipasti 25

Die Brotscheiben in einer Pfanne mit Knoblauch und Thymianzweigen goldbraun rösten.

Den Knoblauch schälen, halbieren und die gerösteten Baguettescheiben damit einreiben.

Die Rinderfiletscheiben zwischen zwei Lagen geölter Frischhaltefolie mit dem Plattiereisen flach klopfen.

Die Filetscheiben nacheinander durch die Marinade ziehen und kurz abtropfen lassen.

Antipasti

Vitello tonnato –
Kalbsbraten mit Thunfischsauce

Zutaten für 4 Personen

Für den Kalbsbraten:

ca. 400 g Kalbfleisch
(aus Oberschale oder Rücken)
Salz · Pfeffer aus der Mühle
2 EL Olivenöl
je 2 Zweige Rosmarin und
Thymian
2–3 Knoblauchzehen

Für die Thunfischsauce:

2 Eier · ¼ l Rapsöl
120 g Thunfisch (in Olivenöl)
1 eingelegtes Sardellenfilet
1 TL Kapern
(in Meersalz eingelegt)
Limettensaft
Salz · Pfeffer aus der Mühle

1 Für den Kalbsbraten den Backofen auf 120°C vorheizen. Das Kalbfleisch von Fett und Sehnen befreien und mit Rollbratenband rund in Form binden, mit Salz und Pfeffer würzen. Das Olivenöl in einer ofenfesten Pfanne erhitzen und das Fleisch darin mit den Kräuterzweigen und dem angedrückten Knoblauch rundum anbraten. Dann im Ofen auf der mittleren Schiene etwa 30 Minuten garen.

2 Das Fleisch abkühlen lassen und in Frischhaltefolie gewickelt mindestens 2 Stunden kühl stellen. Die Folie entfernen und das Fleisch in dünne Scheiben schneiden.

3 Für die Thunfischsauce die Eier mit dem Stabmixer aufschlagen. Das Öl erst tropfenweise, dann in dünnem Strahl hinzufügen und so lange weiterrühren, bis eine cremige Mayonnaise entsteht. Den Thunfisch abtropfen lassen, das Sardellenfilet hacken. Beides mit den Kapern vorsichtig unter die Mayonnaise mixen. Die Sauce mit Limettensaft, Salz und Pfeffer abschmecken und durch ein feines Sieb streichen.

4 Zum Anrichten das aufgeschnittene Kalbfleisch auf Tellern auslegen und mit der Thunfischsauce beträufeln. Nach Belieben mit Limettenfilets, Kapernäpfeln und Schnittlauchröllchen garnieren.

Mein Tipp

Zum Anrichten empfiehlt es sich, die Thunfischsauce in kleine Spritzflaschen zu füllen und dünn über die Fleischscheiben zu ziehen. Das sieht nicht nur dekorativ aus, das Vitello tonnato wird so auch etwas leichter und ertrinkt nicht in der eigenen Sauce.

Antipasti   27

Das Kalbfleisch von Fett und Sehnen befreien und mit Rollbratenband in Form binden.

Das Fleisch mit Rosmarin, Thymian und Knoblauch im Olivenöl rundum anbraten.

Das Fleisch im auf 120 °C vorgeheizten Ofen rosa garen. Die Kerntemperatur sollte 55 °C betragen.

Thunfisch, Kapern und Sardellenfilet mit dem Stabmixer vorsichtig unter die Mayonnaise rühren.

Antipasti

Die Pfifferlinge gründlich putzen und mit Küchenpapier trocken abreiben.

Die Kaninchenfilets in Thymianblättchen wälzen und jeweils mit 2 Scheiben Schinken umwickeln.

Die gewaschenen Salatblätter halbieren, dabei die harten Blattrippen herausschneiden.

Die Filets in Stücke schneiden und so auf Spieße stecken, dass die Schnittflächen oben sind.

Antipasti

Warmer Pfifferlingsalat mit Kaninchenfiletspießen

Zutaten für 4 Personen

Für die Kaninchenspieße:
4 Kaninchenrückenfilets
8 Zweige Thymian
Pfeffer aus der Mühle
8 Scheiben San-Daniele-Schinken (ersatzweise mild geräucherter Speck)
2 EL Olivenöl

Für den Pfifferlingsalat:
120 g Pfifferlinge
4 Köpfe Mini-Romanasalat
4 Stangen Staudensellerie
1 EL Olivenöl
Fleur de Sel
Pfeffer aus der Mühle
1 EL Kerbel (fein geschnitten)
30 g junger Pecorino (am Stück)

Für die Vinaigrette:
2 EL milder Sherryessig
1 EL alter Aceto balsamico
100 ml Traubenkernöl
Salz · Pfeffer aus der Mühle

1 Für die Kaninchenspieße den Backofen auf 160 °C vorheizen. Die Kaninchenrückenfilets von Haut und Sehnen befreien. Den Thymian waschen, trocken schütteln und die Blättchen abzupfen. Die Kaninchenfilets mit Pfeffer würzen, in den Thymianblättchen wälzen und jeweils mit 2 Scheiben Schinken umwickeln. Das Olivenöl in einer ofenfesten Pfanne erhitzen und die Filets darin rundum anbraten. Im Ofen auf der mittleren Schiene 3 bis 4 Minuten fertig garen und zugedeckt ruhen lassen.

2 Für den Pfifferlingsalat die Pilze vorsichtig putzen und trocken abreiben – nur bei Bedarf kurz abbrausen und auf Küchenpapier abtropfen lassen. Von den Salatköpfen die äußeren Blätter entfernen, die restlichen Blätter waschen und trocken schleudern. Die Salatblätter halbieren, dabei die harten Blattrippen entfernen. Den Sellerie putzen, waschen und schräg in Scheiben schneiden. Für die Vinaigrette alle Zutaten in eine große Schüssel geben und gründlich verrühren.

3 Das Olivenöl in einer Pfanne erhitzen und die Pfifferlinge darin anbraten. Mit Fleur de Sel und Pfeffer würzen, mit dem Kerbel in die Schüssel geben und mit der Vinaigrette mischen. Die Selleriescheiben und die Salatblätter dazugeben und ebenfalls vorsichtig untermischen.

4 Den Pfifferlingsalat auf Tellern anrichten. Die Kaninchenrücken in Stücke schneiden und so auf Holzspieße stecken, dass die Schnittflächen der Filetstücke nach oben zeigen. Die Kaninchenspieße neben dem Pfifferlingsalat anrichten und den Pecorino in groben Spänen über den Salat hobeln.

Mein Tipp

Achten Sie beim Anbraten unbedingt darauf, dass Sie das Olivenöl immer erst in die Pfanne geben, wenn diese schon heiß ist. Dann sofort das Fleisch dazugeben – sonst verbrennt das Öl in der Pfanne und verliert an Geschmack.

Polettos Caesar Salad
mit Pfefferthunfisch

Zutaten für 4 Personen
Für das Dressing:

½ Knoblauchzehe
1 eingelegtes Sardellenfilet
1 Eigelb
50 ml Trockenbeeren-
auslese-Essig
60 g geriebener Parmesan
100 ml Olivenöl
50 ml Hühnerbrühe
(Rezept siehe S. 34)
Salz · Pfeffer aus der Mühle
Worcestersauce

Für den Salat und die Brotchips:

4 Köpfe Mini-Romanasalat
2 EL Olivenöl
1 angedrückte Knoblauchzehe
2 Zweige Thymian
4 dünne Scheiben Ciabatta
20 g gehobelter Parmesan

Für den Thunfisch:

je 1 EL weiße, schwarze
und Szechuanpfefferkörner
1 EL Fleur de Sel
200 g Thunfisch
(Sushi-Qualität)
2 EL Olivenöl

1   Für das Dressing den Knoblauch schälen und in feine Würfel schneiden, das Sardellenfilet hacken. Beides mit dem Eigelb, dem Essig und 20 g geriebenem Parmesan fein pürieren. Nach und nach das Olivenöl dazugeben und untermixen. Die Brühe unterrühren und das Dressing mit Salz, Pfeffer und Worcestersauce abschmecken.

2   Für den Salat von den Salatköpfen die äußeren Blätter entfernen, die restlichen Blätter waschen und trocken schleudern. Die Salatblätter halbieren, dabei die harten Blattrippen entfernen. Für die Brotchips das Olivenöl in einer Pfanne erhitzen, den Knoblauch und die Thymianzweige dazugeben und die Brotscheiben darin auf beiden Seiten goldbraun rösten. Die Brotchips aus der Pfanne nehmen und auf Küchenpapier abtropfen lassen.

3   Für den Thunfisch die Pfefferkörner im Mörser fein zerstoßen und mit dem Fleur de Sel mischen. Den Thunfisch waschen und trocken tupfen, in breite Streifen schneiden und in der Pfeffermischung wenden. Das Olivenöl in einer Pfanne erhitzen und die Thunfischstücke darin rundum kurz anbraten – der Thunfisch sollte im Kern roh bleiben.

4   Das Dressing mit dem restlichen geriebenen Parmesan in einer Schüssel mischen, die Salatblätter dazugeben und vorsichtig marinieren. Die Salatblätter auf Teller oder Glasschälchen verteilen und den gehobelten Parmesan darübergeben. Den Thunfisch in mundgerechte Stücke schneiden und darauf anrichten. Den Caesar Salad jeweils mit 1 gerösteten Brotchip servieren.

Mein Tipp

Man kann den Salat noch mit knusprigem Schinken abrunden: Dafür 8 Scheiben San-Daniele-Schinken auf ein mit Backpapier ausgelegtes Backblech legen, mit einem zweiten Blech beschweren und im auf 180 °C vorgeheizten Ofen 5 bis 10 Minuten backen.

Antipasti 31

Die verschiedenen Pfefferkörner im Mörser mit dem Stößel fein zermahlen.

Den Pfeffer mit dem Fleur de Sel mischen und die Thunfischscheiben darin rundum wenden.

Die Zutaten für das Dressing verrühren, das Olivenöl in dünnem Strahl dazugießen und untermixen.

Den Thunfisch in der Pfefferkruste in einer Pfanne im Olivenöl rundum anbraten.

Suppen

» Suppen schmecken eigentlich das ganze Jahr über, trotzdem passen sie für mich perfekt zum Winter. Denn Suppen geben einem das Gefühl von Wärme. Wie gut eine Suppe tun kann, wusste schon meine Mutter. Wenn ich als Kind krank war, gab es eine kräftige Hühnerbrühe – das half immer. Außerdem kann man Suppen leicht in größeren Mengen auf Vorrat zubereiten. Und nicht zuletzt ist eine aromatische Brühe die Basis für jede gute Küche. «

Hühnerbrühe selbst machen

Zutaten für ca. 2 l Brühe
1 Stange Lauch
2 Stangen Staudensellerie
1 Möhre · 1 Tomate
je 1 Zweig Rosmarin
und Thymian
je 1 Stiel Petersilie
und Liebstöckel
1 Lorbeerblatt
1 Gemüsezwiebel
1 Suppenhuhn
(aus Freilandhaltung)
2 Knoblauchzehen
100 ml trockener Weißwein
1 TL schwarze Pfefferkörner
3 Pimentkörner
1 Gewürznelke
50 g grobes Meersalz

1 Den Lauch putzen und waschen, 1 Blatt ablösen und beiseitelegen. Den Sellerie putzen, waschen und mit dem restlichen Lauch schräg in Scheiben schneiden. Die Möhre putzen, schälen und klein schneiden. Die Tomate waschen, halbieren, entkernen und ebenfalls klein schneiden.

2 Die Kräuter waschen und trocken schütteln, mit dem Lorbeerblatt in das Lauchblatt wickeln und mit Küchengarn zu einem Sträußchen binden. Die Gemüsezwiebel ungeschält halbieren und die Schnittflächen in einer mit Alufolie ausgelegten Pfanne dunkel bräunen.

3 Das Suppenhuhn unter fließendem kaltem Wasser innen und außen gründlich waschen und mit dem Kräutersträußchen, dem vorbereiteten Gemüse und dem angedrückten Knoblauch in einen großen Topf geben. Den Wein angießen und etwa 3 l kaltes Wasser hinzufügen, sodass das Huhn gut bedeckt ist. Die ganzen Gewürze und das Meersalz dazugeben, alles aufkochen lassen und den aufsteigenden Schaum abschöpfen. Die Brühe bei schwacher Hitze 2 bis 3 Stunden köcheln lassen.

4 Das Huhn aus dem Topf nehmen und die Brühe schöpflöffelweise durch ein Sieb gießen. Die Brühe auskühlen lassen und entfetten. Die Hühnerbrühe sofort nach Rezept verwenden, noch heiß in Einmachgläser füllen oder portionsweise einfrieren.

Mein Tipp

Das Suppenhuhn sollte unbedingt aus Freilandhaltung stammen, denn je besser die Qualität des Huhns ist, umso aromatischer wird die Brühe. Das gegarte Hühnerfleisch kann man als Suppeneinlage oder für Salate und Frikassee verwenden.

Suppen 35

Das Suppengemüse putzen, waschen bzw. schälen und klein schneiden. 1 großes Lauchblatt beiseitelegen.

Die Kräuter mit dem Lorbeerblatt in das Lauchblatt wickeln und mit Küchengarn zu einem Sträußchen binden.

Die Gemüsezwiebel halbieren und die Schnittflächen in einer mit Alufolie ausgelegten Pfanne dunkel bräunen.

Das Suppenhuhn unter fließendem kaltem Wasser innen und außen gründlich waschen.

Das Huhn mit Kräutersträußchen, Gemüse und angedrücktem Knoblauch in einen Topf geben und den Wein angießen.

Etwa 3 l kaltes Wasser in den Topf gießen, sodass das Huhn gut bedeckt ist.

Die ganzen Gewürze und das Meersalz in den Topf geben.

Alles langsam aufkochen lassen und den aufsteigenden Schaum mit dem Schaumlöffel abnehmen.

Die Brühe bei schwacher Hitze 2 bis 3 Stunden köcheln lassen. Dann das Huhn herausnehmen und beiseitelegen.

Die Hühnerbrühe schöpflöffelweise durch ein Spitzsieb in einen Topf gießen.

Die fertige Hühnerbrühe mit dem Schöpflöffel entfetten.

Die Hühnerbrühe sofort verwenden, noch heiß in Einmachgläser füllen oder portionsweise z. B. in Eiswürfelbehältern einfrieren.

Minestrone mit Basilikumpesto

Zutaten für 4 Personen
Für die Minestrone:
je 1 Bund weißer und
grüner Spargel
1 Zucchino
6 Stangen Staudensellerie
1 Bund junge Bundmöhren
800 g frische Erbsen
4 EL Saubohnenkerne
200 g Zuckerschoten
6 kleine festkochende
Kartoffeln
4 EL Olivenöl
1 TL getrockneter Oregano
1 l Hühnerbrühe
(Rezept siehe S. 34)
8 Ofentomatenfilets
(Rezept siehe S. 50)

Für das Basilikumpesto:
1 Bund Basilikum
1 EL geröstete Pinienkerne
1 EL geriebener Parmesan
ca. 200 ml Olivenöl
Fleur de Sel
Pfeffer aus der Mühle

1 Für die Minestrone den Spargel waschen. Den weißen Spargel ganz, den grünen nur im unteren Drittel schälen und jeweils die holzigen Enden entfernen. Die Spargelstangen in etwa 3 cm lange Stücke schneiden. Zucchino und Sellerie putzen, waschen und in Scheiben schneiden, die Zucchinischeiben halbieren. Die Möhren putzen, schälen und in etwa 3 cm lange Stücke schneiden. Die Erbsen aus den Hülsen, die Saubohnenkerne aus den Häutchen palen. Die Zuckerschoten putzen, waschen und die Enden abknipsen. Die Kartoffeln schälen, waschen und vierteln.

2 Das Olivenöl in einem großen Topf erhitzen und zunächst die Kartoffeln mit den Möhren und dem Oregano darin andünsten. Dann den Sellerie und die Zuckerschoten dazugeben und kurz mitdünsten. Das restliche vorbereitete Gemüse hinzufügen und ebenfalls kurz mitdünsten. Die Brühe angießen und das Gemüse zugedeckt bei mittlerer Hitze 20 bis 30 Minuten garen.

3 Inzwischen für das Basilikumpesto das Basilikum waschen, trocken schleudern und die Blätter abzupfen. Die Basilikumblätter mit den Pinienkernen und dem Parmesan in einen hohen Rührbecher geben und mit dem Stabmixer verrühren. Nach und nach das Olivenöl dazugeben und untermixen, bis eine feine Paste entsteht. Das Basilikumpesto mit Fleur de Sel und Pfeffer abschmecken.

4 Kurz vor Ende der Garzeit die Ofentomatenfilets in Streifen schneiden und in der Suppe kurz erwärmen. Die Minestrone eventuell mit Fleur de Sel abschmecken und auf vorgewärmte tiefe Teller verteilen. Jeweils etwas Basilikumpesto darüberträufeln und das restliche Pesto dazu reichen.

Mein Tipp

Je nach Saison und Geschmack können Sie die Minestrone auch mit anderen Gemüsesorten zubereiten. Wenn die Suppe etwas reichhaltiger sein soll, können Sie kleine Röhrennudeln mitgaren oder das ausgelöste Suppenhuhnfleisch als Einlage verwenden.

Suppen 37

Für die Minestrone die Erbsen aus den Hülsen palen.

Die Zuckerschoten putzen, waschen und die Enden abknipsen.

Die Brühe zu dem angedünsteten Gemüse gießen und das Gemüse 20 bis 30 Minuten garen.

Für das Basilikumpesto alle Zutaten in einen Rührbecher geben und mit dem Olivenöl pürieren.

Suppen

Die Polenta unter Rühren in die Brühe einrieseln und bei schwacher 30 Minuten köcheln lassen.

Die Polenta etwa 4 cm hoch auf ein kleines Backblech streichen und abkühlen lassen.

Dann die Polenta auf ein Küchenbrett stürzen und ovale Schnitten ausstechen oder -schneiden.

Den geriebenen Parmesan in die köchelnde Suppe geben und darin schmelzen lassen.

Suppen 39

Fonduta
mit Polenta und Bresaola

Zutaten für 4 Personen

Für die Polentaschnitten:
ca. ½ l Hühnerbrühe
(Rezept siehe S. 34)
1 Lorbeerblatt
Fleur de Sel
100 g grobe Polenta
(z. B. Bramata)
1 EL Butter
1 EL Olivenöl
12 Scheiben dünn
geschnittene Bresaola

Für die Fonduta:
2 Schalotten
1 Knoblauchzehe
2 EL Butter
je 2 Zweige Salbei, Thymian
und Rosmarin
2 Lorbeerblätter
1 TL weiße Pfefferkörner
4 EL Risottoreis
(z. B. Carnaroli)
je 50 ml trockener Weiß-
wein und Noilly Prat
(franz. Wermut)
400 ml Hühnerbrühe
150 g Sahne
(davon 50 g geschlagen)
ca. 100 g geriebener Parmesan
(oder Grana Padano)
Salz · Pfeffer aus der Mühle

1 Für die Polentaschnitten die Brühe mit dem Lorbeerblatt aufkochen und leicht salzen. Die Polenta unter ständigem Rühren einrieseln lassen. Die Hitze reduzieren und die Polenta unter gelegentlichem Rühren etwa 30 Minuten köcheln lassen. Die Polenta vom Herd nehmen, mit der Butter und Fleur de Sel abschmecken. Die Polenta etwa 4 cm hoch auf ein kleines Backblech streichen und auskühlen lassen.

2 Für die Fonduta die Schalotten und den Knoblauch schälen und in feine Würfel schneiden. Die Butter in einem Topf erhitzen, die Schalotten- und Knoblauchwürfel darin mit den Kräuterzweigen, Lorbeerblättern und Pfefferkörnern andünsten. Den Reis dazugeben und unter Rühren glasig dünsten. Mit dem Wein und Noilly Prat ablöschen, etwas einkochen lassen und die Brühe angießen. Einmal aufkochen und bei schwacher Hitze etwa 10 Minuten köcheln lassen.

3 Dann die flüssige Sahne hinzufügen und alles weitere 10 Minuten köcheln lassen. Den Parmesan dazugeben und schmelzen lassen, mit Salz und Pfeffer abschmecken. Die Fonduta durch ein Spitzsieb passieren und warm halten.

4 Die abgekühlte Polenta auf ein Küchenbrett stürzen und mit einem Metallring Plätzchen ausstechen. Das Olivenöl in einer Pfanne erhitzen und die Polentaschnitten darin auf beiden Seiten knusprig braten. Aus der Pfanne nehmen und auf Küchenpapier abtropfen lassen.

5 Die Polentaschnitten in vorgewärmte tiefe Teller verteilen und die Bresaolascheiben darauf anrichten. Die Fonduta mit der geschlagenen Sahne aufmixen und in die Teller gießen. Nach Belieben mit frittiertem Salbei garnieren und mit etwas altem Aceto balsamico beträufeln.

Mein Tipp

Diese Suppe ist der perfekte Auftakt für ein herbstliches Menü. Bresaola, ein luftgetrockneter Rinderschinken, stammt aus dem norditalienischen Veltlin. Sie können ihn durch Bündnerfleisch ersetzen, das jedoch weniger zart und fein im Geschmack ist.

Suppen

Die Kichererbsen mit Lorbeerblatt und Peperoncino in kaltem Wasser über Nacht einweichen.

Die Kichererbsen im Fond bei schwacher Hitze garen und unter anderem mit Harissa würzen.

Für die Einlage 4 EL Kichererbsen mit den Krabben mischen und marinieren.

Die pürierte Kichererbsensuppe durch ein Spitzsieb passieren.

Kichererbsensuppe mit Nordseekrabben

Zutaten für 4 Personen

400 g getrocknete Kichererbsen
1 Lorbeerblatt
1 getrockneter Peperoncino
4 Schalotten
1/2 Knoblauchzehe
4 EL Olivenöl
1 1/2 l Geflügelfond
250 g Nordseekrabben
Salz · Pfeffer aus der Mühle
10 Korianderblätter
(fein geschnitten)
Harissa
(scharfe tunes. Würzpaste)
4 EL Chiliöl (siehe Tipp)
Saft von 1/2 Zitrone
50 ml Milch
1 EL Butter
Currypulver »Anapurna«
(oder ein anderes mittel-
scharfes Currypulver)

1 Am Vortag die Kichererbsen mit dem Lorbeerblatt und dem Peperoncino in eine Schüssel geben, mit kaltem Wasser bedecken und über Nacht einweichen.

2 Am nächsten Tag die Kichererbsen in ein Sieb abgießen und abtropfen lassen, das Lorbeerblatt und den Peperoncino entfernen und beiseitelegen. Die Schalotten und den Knoblauch schälen und in feine Würfel schneiden. Das Olivenöl in einem Topf erhitzen, die Schalotten- und Knoblauchwürfel darin andünsten. Die Kichererbsen dazugeben und den Fond angießen. Lorbeerblatt und Peperoncino wieder hinzufügen und alles einmal aufkochen lassen. Dann die Kichererbsen bei mittlerer Hitze 30 bis 45 Minuten fertig garen.

3 Für die Einlage die Krabben waschen und abtropfen lassen. 4 EL Kichererbsen entnehmen und mit den Krabben in eine Schüssel geben. Mit Salz, Pfeffer, Koriander, Harissa, Chiliöl und etwas Zitronensaft abschmecken.

4 Die Milch, die Butter und das Currypulver zu den restlichen Kichererbsen geben, Lorbeerblatt und Peperoncino entfernen. Die Suppe mit dem Stabmixer fein pürieren und durch ein Spitzsieb passieren. Mit Salz, Pfeffer und Zitronensaft abschmecken.

5 Die marinierten Krabben in vorgewärmten tiefen Tellern anrichten und die Kichererbsensuppe darüber verteilen. Nach Belieben mit etwas Chiliöl beträufeln.

Mein Tipp

Chiliöl kann man leicht selbst machen: Dafür 4 getrocknete Peperoncini mit Kernen klein schneiden und in eine trockene Flasche geben. Mit 1/2 l Olivenöl auffüllen, gut verschließen und dunkel lagern. Nach 1 bis 2 Wochen ist das Öl scharf.

Suppen

Maronensuppe
mit gebratenen Jakobsmuscheln

Zutaten für 4 Personen
Für die Maronensuppe:

200 g Maronen
2 Schalotten
1 Knoblauchzehe
1 Möhre
2 Stangen Staudensellerie
50 g Butter
je 1 Zweig Rosmarin, Thymian
und Salbei
Fleur de Sel
100 ml trockener Weißwein
50 ml weißer Portwein
1/2 l Geflügelfond
300 g Sahne
(davon 50 g geschlagen)
Pfeffer aus der Mühle
alter Aceto balsamico

Für die Jakobsmuscheln:

8 Radicchioblätter
2 EL Olivenöl
Salz · Pfeffer aus der Mühle
1 EL fein geschnittene Kräuter
(z. B. Thymian, Rosmarin
und Petersilie)
alter Aceto balsamico
4 Jakobsmuscheln (ausgelöst)
4 Scheiben Lardo di Colonnata
(ital. grüner Speck)

1 Für die Maronensuppe den Backofen auf 200 °C vorheizen. Die Schale der Maronen an der gewölbten Seite mit einem scharfen Messer kreuzweise einritzen. Die Maronen auf ein Backblech geben und im Ofen auf der mittleren Schiene 10 bis 15 Minuten garen, bis die Schalen aufplatzen. Die Maronen abkühlen lassen, schälen und grob hacken.

2 Die Schalotten und den Knoblauch schälen und in feine Würfel schneiden. Die Möhre und den Sellerie putzen, schälen bzw. waschen und ebenfalls in Würfel schneiden. Die Butter in einem Topf erhitzen. Schalotten, Knoblauch, Möhre und Sellerie mit den Maronen und den Kräuterzweigen dazugeben und andünsten. Mit wenig Fleur de Sel würzen, mit dem Weiß- und Portwein ablöschen und auf die Hälfte einkochen lassen. Den Fond und die flüssige Sahne angießen und nochmals um ein Drittel einkochen lassen.

3 Die Kräuterzweige herausnehmen und die Suppe mit dem Stabmixer fein pürieren, mit Fleur de Sel und Pfeffer abschmecken. Sollte die Suppe zu dickflüssig sein, noch etwas Fond hinzufügen. Die Maronensuppe bis zum Servieren warm halten.

4 Für die Jakobsmuscheln die Radicchioblätter waschen, trocken tupfen und in feine Streifen schneiden. Die Hälfte des Olivenöls in einer Pfanne erhitzen und den Radicchio darin andünsten. Mit Salz, Pfeffer, den Kräutern und 1 Spritzer Essig abschmecken. Die Jakobsmuscheln waschen, trocken tupfen und im restlichen Olivenöl auf beiden Seiten goldbraun braten. Mit Salz würzen und jeweils mit 1 Scheibe Lardo di Colonnata umwickeln.

5 Zum Anrichten die Radicchiostreifen auf vorgewärmte tiefe Teller verteilen und die Jakobsmuscheln daraufsetzen. Die Maronensuppe mit der geschlagenen Sahne aufmixen und um die Jakobsmuscheln gießen. Mit einigen Tropfen Essig beträufeln.

Mein Tipp

Wenn es einmal schneller gehen soll, können Sie für dieses Rezept natürlich auch bereits vorgegarte, vakuumverpackte Maronen verwenden (dann reichen 150 g). Allerdings schmecken diese Kastanien nicht so aromatisch wie die selbst gerösteten.

Suppen 43

Schalotten, Knoblauch und Sellerie in der Butter andünsten. Die Möhre und Maronen dazugeben.

Die Suppe mit dem Stabmixer fein pürieren. Sollte sie zu dickflüssig sein, noch etwas Fond hinzufügen.

Die Radicchiostreifen andünsten, mit Salz, Pfeffer, Kräutern und Essig abschmecken.

Die Jakobsmuscheln im Olivenöl auf beiden Seiten goldbraun braten.

Linsensuppe mit Räucheraal

Zutaten für 4 Personen

250 g braune Linsen
1 kleiner geräucherter Aal
4 Schalotten
2 Knoblauchzehen
2 Möhren
100 g Knollensellerie
2 EL Butter
1 Lorbeerblatt
2 Zweige Thymian
ca. 1 l Hühnerbrühe
(Rezept siehe S. 34)
Fleur de Sel
Pfeffer aus der Mühle
1 EL Petersilie
(fein geschnitten)
4 EL geschlagene Sahne

1 Am Vortag die Linsen in kaltem Wasser – am besten über Nacht – einweichen. Am nächsten Tag den Räucheraal filetieren und häuten, die Haut beiseitelegen. Die Schalotten und den Knoblauch schälen und in feine Würfel schneiden. Die Möhren und den Sellerie putzen, schälen und in kleine Würfel schneiden. Die Linsen in ein Sieb abgießen und abtropfen lassen.

2 Die Butter in einem Topf erhitzen und die Räucheraalhaut darin bei schwacher Hitze braten. Die Linsen mit dem Lorbeerblatt und den Thymianzweigen dazugeben. Die Brühe angießen und aufkochen lassen. Die Linsen bei mittlerer Hitze etwa 30 Minuten bissfest garen.

3 Die Aalhaut, das Lorbeerblatt und die Thymianzweige entfernen. Das in Würfel geschnittene Gemüse hinzufügen und alles etwa 10 Minuten weiterköcheln lassen. Für die Einlage 4 EL Linsengemüse entnehmen und in einen kleinen Topf geben. Das restliche Linsengemüse weich garen und mit dem Stabmixer fein pürieren.

4 Die pürierte Linsensuppe durch ein Spitzsieb passieren, mit Fleur de Sel und Pfeffer abschmecken. Die Suppe und die Einlage nochmals erhitzen, die Petersilie unter die Einlage mischen. Den Räucheraal in etwa 3 cm große Stücke schneiden. Die Linsensuppe mit der geschlagenen Sahne aufmixen und auf vorgewärmte tiefe Teller verteilen. Die Aalstücke und das Linsengemüse in Schälchen separat dazu servieren.

Mein Tipp

Ich bevorzuge es, kompakte Suppeneinlagen wie diese separat zu servieren – das sieht nicht nur hübsch aus, das Gemüse bleibt auch schön knackig. Falls Sie keinen Räucheraal bekommen oder mögen, können Sie ihn durch geräucherte Forellenfilets ersetzen.

Suppen 45

Den Aal mit einem Filetiermesser längs halbieren und die Fleischseiten von der Mittelgräte lösen.

Die schwarze Haut des Räucheraals mit den Fingern von der schmalen Seite her abziehen.

Die Möhren putzen, schälen und ebenso wie das restliche Gemüse in kleine Würfel schneiden.

Die pürierte Suppe zuletzt mit der geschlagenen Sahne aufmixen.

Suppen

Den Knoblauch schälen und in feine Würfel schneiden.

Die Fenchelknolle putzen, waschen und auf der Gemüsereibe in feine Streifen hobeln.

Die Schalen der Jakobsmuscheln mit einem spitzen Messer öffnen und das Fleisch auslösen.

Jakobsmuscheln und Garnelen in einer Pfanne mit angedrücktem Knoblauch und Thymian braten.

Toskanischer Fischeintopf mit Safranrouille

Zutaten für 4 Personen

1 kg Krustentier- und Fischkarkassen (z. B. von Garnelen,
Rotbarbe und Rascasse)
2 Gemüsezwiebeln
5 Knoblauchzehen
1 roter Peperoncino
1 rote Paprikaschote
1 Fenchelknolle
6 EL Olivenöl
2 EL Tomatenmark
1 TL Fenchelsamen
10 Safranfäden
150 ml trockener Weißwein
50 ml Pernod
(franz. Anisschnaps)
50 ml Noilly Prat
(franz. Wermut)
Salz · 250 g Venusmuscheln
ca. 600 g Fischfilets von Rotbarbe, Drachenkopf, Steinbutt
und Seeteufel (küchenfertig)
je 4 Garnelen (ohne Kopf)
und Jakobsmuscheln
1 Zweig Thymian
Piment d'Espelette
(siehe Tipp S. 124)

1 Den Backofen auf 180 °C vorheizen. Die Krustentierkarkassen auf einem Backblech im Ofen auf der mittleren Schiene 30 Minuten rösten. Inzwischen die Fischkarkassen klein schneiden und in einem Sieb unter fließendem kaltem Wasser waschen, bis das Wasser klar abläuft.

2 Die Zwiebeln und 3 Knoblauchzehen schälen und in feine Würfel schneiden. Den Peperoncino und die Paprikaschote längs halbieren, entkernen, waschen und ebenfalls in Würfel schneiden. Den Fenchel putzen, waschen und in feine Streifen hobeln.

3 In einem Topf 4 EL Olivenöl erhitzen und das vorbereitete Gemüse darin bei mittlerer Hitze etwa 10 Minuten dünsten. Das Tomatenmark unterrühren und kurz anrösten. Fenchelsamen, Safran, Krustentier- und Fischkarkassen hinzufügen und etwa 10 Minuten rösten. Mit Wein, Pernod und Noilly Prat ablöschen und etwas einkochen lassen. Etwa 2 l kaltes Wasser angießen, aufkochen und zugedeckt bei schwacher Hitze etwa 1 Stunde köcheln lassen, dabei den aufsteigenden Schaum abschöpfen. Den Topf vom Herd nehmen und den Fond 30 Minuten ziehen lassen. Dann durch ein mit einem Passiertuch ausgelegtes Sieb in einen Topf gießen und auf die Hälfte einkochen lassen. Den Fond mit Salz abschmecken, für die Safranrouille (siehe Tipp) 100 ml abmessen und beiseitestellen.

4 Die Muscheln gründlich waschen, geöffnete Exemplare aussortieren (siehe Tipp S. 77). Die Muscheln im Fischfond etwa 5 Minuten köcheln lassen. Den Fond durch ein Sieb gießen und warm halten, nicht geöffnete Muscheln aussortieren. Die Fischfilets waschen, trocken tupfen und in Stücke schneiden. Die Garnelen längs halbieren und den dunklen Darm entfernen. Die Schalen der Jakobsmuscheln aufbrechen und das Muschelfleisch auslösen. Garnelen und Jakobsmuscheln waschen und trocken tupfen. Im restlichen Olivenöl mit dem übrigen angedrückten Knoblauch und dem Thymian kurz braten, mit Salz und Piment d'Espelette würzen. Fischfilets, Garnelen und Muscheln auf vorgewärmte tiefe Teller verteilen und den heißen Fischfond angießen. Mit der Safranrouille und nach Belieben knusprigen Brotchips servieren.

Mein Tipp

Für die Rouille 4 Knoblauchzehen schälen und in Scheiben schneiden. Mit 10 Safranfäden in 100 ml Fischfond aufkochen und auf die Hälfte einköcheln lassen. Durch ein Sieb passieren, mit 1 Ei und 100 ml Rapsöl verrühren. Mit Salz und Zitronensaft würzen.

Pasta & Risotto

» Pasta wird niemals langweilig. Kaum ein Gericht lässt sich in so vielen unterschiedlichen Variationen zubereiten. Und das Gute daran: Pasta mag fast jeder. Wenn Sie also Gäste haben, machen Sie Pasta mit Sugo, das kommt immer an. Risotto dagegen ist etwas für Fortgeschrittene, aber keine Angst: Man hat den Dreh schnell raus. Allerdings braucht Risotto Zeit. Wenn Sie also Freunde einladen, kochen Sie am besten einfach gemeinsam. «

Tomatensugo selbst machen (siehe Steps rechts)

Zutaten für 4 Gläser (à 1/4 l)

800 g reife Tomaten
1 große Dose geschälte
Tomaten (850 ml)
1 Gemüsezwiebel
1 Knoblauchzehe
ca. 3 EL Olivenöl
Fleur de Sel
1 TL Zucker
1–2 Stiele Basilikum
Pfeffer aus der Mühle

1 Die frischen Tomaten waschen und die Stielansätze entfernen. Die Dosentomaten in ein Sieb abgießen und dabei den Saft auffangen, die Stielansätze von den Dosentomaten entfernen. Frische Tomaten und Dosentomaten in grobe Würfel schneiden.

2 Die Zwiebel und den Knoblauch schälen, die Zwiebel in Würfel, den Knoblauch in feine Scheiben schneiden. Beides im Olivenöl in einem Topf unter Rühren bei mittlerer Hitze andünsten. Nach Belieben 1 zerkleinerten getrockneten Peperoncino dazugeben, mit wenig Fleur de Sel und Zucker würzen und leicht karamellisieren. Das Basilikum waschen und trocken schütteln.

3 Die frischen und die Dosentomaten samt Saft in den Topf geben und unterrühren. Das Basilikum hinzufügen und die Tomaten offen 1/2 bis 1 Stunde köcheln lassen, dabei gelegentlich umrühren. Basilikum entfernen. Die eingekochten Tomaten durch die Flotte Lotte (mittlere Lochscheibe) drehen, um die Kerne zu entfernen (nicht mit dem Stabmixer pürieren, die Kerne schmecken bitter). Den Sugo nochmals aufkochen lassen, mit Fleur de Sel, Pfeffer und, falls nötig, Zucker abschmecken. Den Tomatensugo mit frisch gekochter Pasta mischen, wie im Rezept beschrieben weiterverwenden oder heiß in Einmachgläser füllen und sofort verschließen. So aufbewahrt, hält sich der Sugo etwa 1 Jahr.

Ofentomaten selbst machen

Zutaten

1 kg reife Strauchtomaten
2–3 Knoblauchzehen
6 Zweige Thymian
6 EL Olivenöl
Fleur de Sel
Pfeffer aus der Mühle
Puderzucker zum Bestäuben

1 Die Tomaten kreuzweise einritzen und kurz in kochendem Wasser überbrühen. Herausheben, kalt abschrecken, häuten, vierteln und entkernen, dabei die Stielansätze entfernen.

2 Den Backofen auf 100 °C vorheizen. Ein Backblech mit Backpapier auslegen und die Tomatenviertel darauf verteilen. Den Knoblauch schälen und in Scheiben schneiden. Den Thymian waschen und trocken schütteln, die Blättchen abzupfen und fein schneiden.

3 Die Tomaten mit dem Knoblauch und dem Thymian bestreuen und mit dem Olivenöl beträufeln. Mit Fleur de Sel und Pfeffer würzen und mit Puderzucker bestäuben. Die Tomatenviertel im Ofen auf der mittleren Schiene etwa 5 Stunden trocknen lassen. Die Ofentomaten herausnehmen und auskühlen lassen. Kühl und gut verschlossen aufbewahrt, halten sie sich etwa 1 Woche.

Pasta & Risotto 51

Die frischen Tomaten waschen und die Stielansätze entfernen.

Die Tomaten achteln oder in grobe Stücke schneiden.

Die abgetropften Dosentomaten in Stücke schneiden, dabei die Stielansätze entfernen.

Die Gemüsezwiebel schälen und in feine Würfel schneiden.

Den Knoblauch schälen und in feine Scheiben schneiden.

Das Olivenöl in einem Topf erhitzen, Zwiebel und Knoblauch darin unter Rühren andünsten.

Zwiebel und Knoblauch mit wenig Fleur de Sel und Zucker würzen und karamellisieren.

Die frischen und die Dosentomaten in den Topf geben. Das Basilikum ebenfalls hinzufügen.

Den Tomatensugo 1/2 bis 1 Stunde offen köcheln lassen, dabei gelegentlich umrühren. Dann das Basilikum entfernen.

Die eingekochten Tomaten durch die Flotte Lotte (mittlere Lochscheibe) drehen, um die Kerne zu entfernen.

Den Tomatensugo nochmals aufkochen, mit Meersalz, Pfeffer und, falls nötig, Zucker abschmecken.

Tomatensugo mit Pasta servieren, wie im Rezept beschrieben weiterverwenden oder heiß in Einmachgläser füllen und verschließen.

Rigatoni mit weißem Thunfisch und Kirschtomaten

Zutaten für 4 Personen

2 EL Kapern
(in Meersalz eingelegt)
Olivenöl zum Frittieren
20 Kirschtomaten
(an der Rispe)
3 Schalotten
3 Knoblauchzehen
5 EL Olivenöl
Fleur de Sel
Pfeffer aus der Mühle
50 ml trockener Weißwein
200 g weißer Thunfisch
(in Olivenöl)
150 ml Tomatensugo
(Rezept siehe S. 50)
grobes Meersalz
500 g Rigatoni
(oder Penne rigate)
24 Basilikumblätter

1 Die Kapern kalt abbrausen und in einer Schüssel in kaltem Wasser mindestens 1 Stunde wässern, damit sie nicht zu salzig sind. Zum Frittieren reichlich Olivenöl in einem Topf auf etwa 160 °C erhitzen. Die Kirschtomaten an der Rispe lassen und die Haut jeweils einritzen. Die Rispe über einen Kochlöffelstiel hängen und die Tomaten kurz in das heiße Fett tauchen, bis die Haut aufplatzt (oder die Tomaten mit dem Schaumlöffel in das Fett geben). Die Tomaten herausheben, häuten und auf Küchenpapier abtropfen lassen.

2 Die Schalotten und 1 Knoblauchzehe schälen, die Schalotten in dünne Streifen, den Knoblauch in feine Scheiben schneiden. In einer Pfanne 4 EL Olivenöl erhitzen, die Schalotten und den Knoblauch darin andünsten. Mit Fleur de Sel und Pfeffer würzen, mit dem Wein ablöschen und etwa auf die Hälfte einkochen lassen.

3 Den Thunfisch kurz abtropfen lassen und mit einer Gabel in mundgerechte Stücke zerteilen. Den Tomatensugo mit dem Thunfisch, den Kirschtomaten und den abgetropften Kapern in den Topf geben und alles einmal aufkochen lassen.

4 Den restlichen Knoblauch schälen und in Scheiben schneiden. In einer Pfanne im übrigen Olivenöl goldgelb braten.

5 Inzwischen für die Rigatoni reichlich Wasser zum Kochen bringen, mit Meersalz würzen und die Nudeln darin »al dente« garen. Die Basilikumblätter waschen und trocken tupfen, einige Basilikumblätter zum Garnieren beiseitelegen, den Rest fein schneiden.

6 Die Rigatoni abgießen, abtropfen lassen und in den Thunfischsugo geben, mit Fleur de Sel, Pfeffer, Basilikum und nach Belieben mit gehacktem getrocknetem Peperoncino abschmecken. Die Pasta in vorgewärmten tiefen Tellern anrichten, die gerösteten Knoblauchscheiben darauf verteilen und mit den Basilikumblättern garnieren.

Mein Tipp

Weißer Thunfisch ist der qualitativ hochwertigste Dosenthunfisch. Sie können ihn natürlich auch durch den herkömmlichen roten Thunfisch ersetzen, allerdings steht und fällt der Geschmack der Sauce mit der Qualität der Zutaten.

Pasta & Risotto 53

Die Kapern in einer Schüssel in kaltem Wasser mindestens 1 Stunde wässern.

Die in Streifen geschnittenen Schalotten in einer Pfanne andünsten.

Den selbst gemachten Tomatensugo dazugießen.

Den Knoblauch in Scheiben schneiden und in einer Pfanne im Olivenöl goldgelb braten.

Pasta & Risotto

Für die Salzzitronen jeweils etwas Meersalz in die eingeschnittenen Zitronen streuen.

Die Zitronen in einem Einmachglas mit heißem Wasser begießen. Mind. 3 Wochen ziehen lassen.

Die Lachswürfel in einer Schüssel mit Olivenöl und Fischgewürz marinieren.

Die Spaghetti mit dem Lachs und den restlichen Zutaten in der Pfanne durchschwenken.

Pasta & Risotto

Zitronenspaghetti mit marinierten Lachswürfeln

Zutaten für 4 Personen
Für die Salzzitronen:
4 unbehandelte Zitronen
4 EL grobes Meersalz
4 EL Zitronensaft

Für den Lachs:
450 g Lachsfilet
(aus dem Mittelstück;
küchenfertig)
6 EL Olivenöl
»Polettos Fischfeuer«
(Fischgewürz)
Öl zum Braten
Fleur de Sel

Für die Spaghetti:
grobes Meersalz
400 g Spaghetti
1 Schalotte
1 Knoblauchzehe
2 EL Olivenöl
etwas geriebener Ingwer
1 TL Sojasauce
1 TL Sesamöl
Fleur de Sel
2 EL Koriander
(fein geschnitten)

1 Für die Salzzitronen die Zitronen heiß waschen, trocken reiben und jede Zitrone 4-mal längs einschneiden. Dabei darauf achten, dass die Zitronen an den Enden noch zusammenhalten. In jeden Zitronenschlitz etwas Meersalz streuen.

2 Die Zitronen in ein Einmachglas geben, das restliche Meersalz und den Zitronensaft dazugeben. Etwa 1 l Wasser aufkochen und über die Zitronen gießen – sie sollten vollständig mit Wasser bedeckt sein. Das Einmachglas verschließen und die Salzzitronen mindestens 3 Wochen bei Zimmertemperatur durchziehen lassen.

3 Für den Lachs das Fischfilet waschen, trocken tupfen und in mundgerechte Stücke schneiden. Das Olivenöl mit etwas Fischgewürz verrühren und die Lachswürfel mit dem Gewürzöl mischen. Mit Frischhaltefolie zugedeckt im Kühlschrank mindestens 1 Stunde marinieren.

4 Für die Spaghetti reichlich Wasser zum Kochen bringen, mit Meersalz würzen und die Nudeln darin »al dente« garen. Inzwischen die Lachswürfel in einer Pfanne im Öl kurz braten und mit Fleur de Sel würzen.

5 Die Schalotte und den Knoblauch schälen und in feine Würfel schneiden. 1 Salzzitrone abtropfen lassen und in Würfel schneiden (die restlichen Zitronen sind in dem Salzwasser gut verschlossen etwa 6 Monate haltbar). Schalotte und Knoblauch in einer Pfanne im Olivenöl andünsten. Zitronenwürfel, Ingwer, Sojasauce und Sesamöl dazugeben. Die Spaghetti in ein Sieb abgießen und mit den Lachswürfeln und den restlichen Zutaten in der Pfanne durchschwenken. Mit Fleur de Sel und Koriander abschmecken.

Mein Tipp

Salzzitronen sind eine typische Zutat aus der marokkanischen Küche. Ich verwende sie gern für dieses Pastagericht, weil sie mit ihrer feinen Säure perfekt mit dem Lachs harmonieren. Sie können mit den Zitronen aber z. B. auch helle Fleischgerichte verfeinern.

Penne mit Kalbsleber, Radicchio und Speck

Zutaten für 4 Personen

grobes Meersalz
400 g Penne
2 Köpfe Radicchio
1 Schuss Essig
2 rote Zwiebeln
2 EL Butter
Fleur de Sel
Pfeffer aus der Mühle
100 ml trockener Rotwein
50 ml roter Portwein
50 ml Kalbsjus
(Rezept siehe S. 131)
2 EL alter Aceto balsamico
200 g Kalbsleber
8 dünne Scheiben
Tiroler Speck
1 EL Olivenöl
1 TL Thymian
(fein geschnitten)
1 EL Petersilie
(fein geschnitten)

1 Für die Penne reichlich Wasser zum Kochen bringen, mit Meersalz würzen und die Nudeln darin »al dente« garen. Inzwischen den Radicchio putzen, in die einzelnen Blätter teilen und die weißen Blattrippen herausschneiden. Die Radicchioblätter in lauwarmem Essigwasser waschen, vorsichtig trocken schleudern und in Streifen schneiden.

2 Die Zwiebeln schälen und in feine Streifen schneiden. In einer Pfanne 1 EL Butter erhitzen, die Zwiebelstreifen darin glasig dünsten und leicht mit Fleur de Sel und Pfeffer würzen. Mit Rot- und Portwein ablöschen und einköcheln lassen. Die Kalbsjus und den Essig dazugeben und alles nochmals aufkochen lassen.

3 Die Kalbsleber putzen, waschen, trocken tupfen und in Würfel schneiden. In einer Pfanne die restliche Butter erhitzen und die Leberwürfel darin anbraten, mit Fleur de Sel und Pfeffer würzen. Die Speckscheiben in Stücke zupfen, in einer Pfanne im Olivenöl knusprig ausbraten und auf Küchenpapier abtropfen lassen.

4 Die Penne in ein Sieb abgießen, abtropfen lassen und mit den Leberwürfeln in den Zwiebelsud geben. Die Radicchiostreifen und die Kräuter ebenfalls hinzufügen und alles einmal durchschwenken. Erneut aufkochen lassen und nochmals durchschwenken. Mit Fleur de Sel und Pfeffer abschmecken.

5 Die Penne mit Kalbsleber und Radicchio in vorgewärmten tiefen Tellern anrichten, den Speck darauf verteilen und nach Belieben Parmesan in groben Spänen darüberhobeln.

Mein Tipp

Im Herbst und Winter verwende ich besonders gern den feineren Radicchio trevisano. Er hat längliche Blätter und schmeckt etwas bitterer als seine runden Verwandten. Durch das Waschen in warmem Essigwasser wird auch er milder und feiner im Geschmack.

Pasta & Risotto 57

Den Radicchio in einzelne Blätter teilen und die weißen Blattrippen herausschneiden.

Die gedünsteten Zwiebeln in der Pfanne mit Rot- und Portwein ablöschen.

Die abgetropfte Pasta und die Kalbsleber in den köchelnden Zwiebelsud geben.

Die Radicchiostreifen und die Kräuter hinzufügen und alles durchschwenken.

Pasta & Risotto

Kirschtomaten an der Rispe lassen, in das heiße Öl tauchen, kurz frittieren und herausheben.

Die Fenchelsalamischeiben mit den Händen in mundgerechte Stücke zupfen.

Den Rucola verlesen und waschen, dabei die groben Stiele entfernen.

Kurz vor dem Servieren Basilikum, Estragon und Rucola unter den Nudelsalat heben.

Nudelsalat mit Rucola, Fenchelsalami und Tomaten

Zutaten für 10 Personen
Für das Dressing:
2 sehr frische Eier
1 Knoblauchzehe
1 EL Senf
200 ml Rapsöl
100 ml Olivenöl
Fleur de Sel
Pfeffer aus der Mühle
3–4 EL Tomatenessig
5 EL Tomatensaft

Für den Nudelsalat:
grobes Meersalz
1 kg Penne rigate
Olivenöl zum Frittieren
500 g Kirschtomaten (an der Rispe)
100 g getrocknete Tomaten (in Öl eingelegt)
1 Kugel Büffelmozzarella (125 g)
50 g grüne Oliven (z. B. Bella di Cerignola)
50 g Fenchelsalami (Finocchiata; in dünnen Scheiben)
Fleur de Sel
Pfeffer aus der Mühle
alter Aceto balsamico
je 1 Bund Basilikum und Estragon
100 g Rucola

1 Für das Dressing die Eier in einem hohen Rührbecher verquirlen. Den Knoblauch schälen und in feine Würfel schneiden. Mit dem Senf zu den Eier geben und mit dem Stabmixer unterrühren. Nach und nach beide Ölsorten dazugeben und untermixen. Die Mayonnaise mit Fleur de Sel, Pfeffer, Tomatenessig und -saft abschmecken.

2 Für den Nudelsalat reichlich Wasser zum Kochen bringen, mit Meersalz würzen und die Penne darin »al dente« garen. In ein Sieb abgießen und kalt abschrecken.

3 Zum Frittieren reichlich Olivenöl in einem Topf auf etwa 160 °C erhitzen. Die Kirschtomaten an der Rispe lassen und die Haut jeweils einritzen. Die Rispe über einen Kochlöffelstiel hängen und die Tomaten kurz in das heiße Fett tauchen, bis die Haut aufplatzt (oder die Tomaten mit dem Schaumlöffel in das Fett geben). Die Tomaten herausheben, häuten und auf Küchenpapier abtropfen lassen.

4 Die getrockneten Tomaten in Streifen schneiden. Den Mozzarella in Würfel schneiden. Die Oliven in Spalten schneiden, dabei die Steine entfernen. Die Fenchelsalami in Stücke zupfen.

5 Alle vorbereiteten Zutaten in einer großen Schüssel mit dem Dressing mischen. Den Nudelsalat mit Fleur de Sel, Pfeffer und Essig abschmecken und etwas ziehen lassen. Inzwischen das Basilikum und den Estragon waschen, trocken schütteln und die Blätter abzupfen. Den Rucola verlesen, waschen und trocken schleudern, grobe Stiele entfernen. Die Kräuter und den Rucola kurz vor dem Servieren unterheben.

Mein Tipp

Tomatenessig bekommen Sie im Feinkostladen, er lässt sich durch Balsamico bianco ersetzen. Statt mit Nudeln können Sie die Zutaten auch mit dünnen gerösteten Baguettescheiben mischen und mit einer Vinaigrette aus Olivenöl und Aceto balsamico marinieren.

Orecchiette mit Brokkoli und Büffelmozzarella

Zutaten für 4 Personen
2 Brokkoli · Salz
1 Schalotte
1 Knoblauchzehe
10 getrocknete Tomaten
(in Öl eingelegt)
2 eingelegte Sardellenfilets
4 EL Olivenöl
1 EL Kapern
(in Meersalz eingelegt)
200 ml Hühnerbrühe
(Rezept siehe S. 34)
grobes Meersalz
400 g Orecchiette
1 Kugel Büffelmozzarella
(125 g)
Fleur de Sel

1 Den Brokkoli putzen, waschen und in die einzelnen Röschen teilen. 12 Röschen in kochendem Salzwasser bissfest blanchieren. Abgießen, in gesalzenem Eiswasser abschrecken und abtropfen lassen. Die Brokkoliröschen beiseitestellen und warm halten.

2 Die Schalotte und den Knoblauch schälen und in feine Würfel schneiden. Die getrockneten Tomaten in Streifen schneiden. Die Sardellen fein hacken. Das Olivenöl in einem Topf erhitzen, die Schalotte und den Knoblauch darin andünsten. Die restlichen Brokkoliröschen mit den Tomaten, den Sardellen und den Kapern dazugeben. Die Brühe dazugießen und das Gemüse zugedeckt bei mittlerer Hitze 10 bis 15 Minuten weich garen.

3 Inzwischen für die Orecchiette reichlich Wasser zum Kochen bringen, mit Meersalz würzen und die Nudeln darin »al dente« garen. Den Mozzarella in Stücke zupfen.

4 Den Brokkolisugo mit dem Stabmixer fein pürieren, mit Fleur de Sel und nach Belieben mit 1 gehackten getrockneten Peperoncino abschmecken. Die Orecchiette abgießen, abtropfen lassen und mit dem Sugo mischen, Mozzarella und blanchierte Brokkoliröschen untermischen. Die Pasta auf vorgewärmte tiefe Teller verteilen, nach Belieben in Streifen geschnittene getrocknete Tomaten unterrühren und sofort servieren.

Mein Tipp

Man schreckt blanchierten Brokkoli in Eiswasser ab, damit er seine schöne grüne Farbe behält. Was Sie vielleicht noch nicht wussten: Wenn Sie das Eiswasser salzen, verhindern Sie, dass die Mineralstoffe aus dem Gemüse ausgewaschen werden.

Pasta & Risotto   61

Den Brokkoli putzen, waschen und in die einzelnen Röschen teilen.

Schalotte, Knoblauch, Brokkoli, getrocknete Tomaten, Sardellen und Kapern in der Brühe garen.

Den Brokkolisugo mit dem Stabmixer pürieren.

Die gegarten Orecchiette zu dem Brokkolipüree geben und gut mischen.

Pasta & Risotto

Die Bohnen mit Knoblauch, Rosmarin und Thymian über Nacht in Wasser einweichen.

Geputzte Muscheln mit 1 gehackten Peperoncino in kaltem Wasser gegeneinanderreiben.

Die Muscheln mit Schalotte, Knoblauch und Thymian in einer Pfanne garen, mit Wein ablöschen.

Das Bohnenpüree mit der Teigkarte durch ein Sieb passieren.

Pasta & Risotto   63

Pasta e fagioli
mit Venusmuscheln

Zutaten für 4 Personen
Für die Bohnen:

250 g getrocknete Borlotti-
Bohnen
2 junge Knoblauchzehen
je 2 Zweige Rosmarin
und Thymian
2 Schalotten
1/2 Knoblauchzehe
4 EL Olivenöl
800 ml Geflügelfond
Olivenöl zum Frittieren
16 Salbeiblätter
16 Rosmarinnadeln
Salz · Pfeffer aus der Mühle

Für die Venusmuscheln:

500 g Venusmuscheln
(ersatzweise Miesmuscheln)
1 getrockneter Peperoncino
2 Schalotten
2 Knoblauchzehen
2 EL Olivenöl
1 Zweig Thymian
100 ml trockener Weißwein

Für die Pasta:

grobes Meersalz
500 g kurze Nudeln
(z. B. Ditali)

1 Am Vortag die Bohnen mit den angedrückten Knoblauchzehen sowie je 1 Rosmarin- und Thymianzweig über Nacht in Wasser einweichen. Am nächsten Tag in ein Sieb abgießen und abtropfen lassen.

2 Für die Venusmuscheln die Muscheln putzen. Den Peperoncino grob hacken und mit den Muscheln in einer Schüssel mischen. Die Muscheln unter fließendem kaltem Wasser waschen, dabei gegeneinanderreiben, um Kalk- und Sandablagerungen zu entfernen. Abgießen, abtropfen lassen und bereits geöffnete Exemplare aussortieren.

3 Die Schalotten und den Knoblauch schälen und in feine Würfel schneiden. In einem Topf 1 EL Olivenöl erhitzen, Schalotten, Knoblauch, abgetropfte Muscheln und den Thymianzweig hinzufügen. Umrühren und mit dem Wein ablöschen. Die Muscheln zugedeckt etwa 5 Minuten garen, bis sich ihre Schalen geöffnet haben, dabei gelegentlich umrühren. Die Muscheln in ein Sieb gießen und geschlossene Exemplare aussortieren. Den Sud in einem Topf leicht einköcheln lassen.

4 Für die Bohnen die Schalotten und den Knoblauch schälen und in feine Würfel schneiden. In einem Topf in 1 EL Olivenöl andünsten, die Bohnen und die restlichen Kräuterzweige dazugeben und durchschwenken, den Fond und das übrige Olivenöl dazugießen. Die Bohnen aufkochen und bei schwacher Hitze 30 bis 45 Minuten »al dente« köcheln lassen. Dann von den Bohnen 4 große EL abnehmen und beiseitestellen. Die restlichen Bohnen weitergaren, bis sie weich sind.

5 Die weichen Bohnen mit dem Stabmixer pürieren und durch ein Sieb passieren. Das Olivenöl auf 170 °C erhitzen, die Salbeiblätter und Rosmarinnadeln darin frittieren.

6 Für die Pasta reichlich Wasser zum Kochen bringen, mit Meersalz würzen und die Nudeln darin »al dente« garen. Das Bohnenpüree in einer Pfanne erhitzen und die Muscheln mit etwas Kochsud dazugeben. Die Pasta abgießen und mit den Bohnen zum Bohnen-Muschel-Püree geben. Sollte das Püree zu dick sein, nochmals etwas Muschelfond und Olivenöl angießen. Mit Salz und Pfeffer abschmecken und auf vorgewärmten Tellern anrichten. Mit den frittierten Kräutern garnieren.

Mein Tipp

Bei der Zubereitung von getrockneten Bohnen sollten Sie grundsätzlich darauf achten, sie niemals in Salzwasser zu garen: Ihre Haut platzt sonst auf, und die Kerne werden matschig. Gesalzen werden die Bohnen immer erst ganz am Ende des Garvorgangs.

Pappardelle mit Wildbolognese und Pfifferlingen

Zutaten für 4 Personen

4 Schalotten
3 Knoblauchzehen
je 100 g Möhre und
Staudensellerie
ca. 8 EL Butter
800 g grobes Wildhackfleisch
(z. B. aus der Keule)
100 g Tiroler Speck (am Stück)
Fleur de Sel
Pfeffer aus der Mühle
250 g Dosentomaten
je 1 Zweig Rosmarin,
Thymian und Salbei
2 Lorbeerblätter
1 TL schwarze Pfefferkörner
1 TL Wacholderbeeren
6 Pimentkörner
1/4 l trockener Rotwein
100 ml roter Portwein
1 EL Pflaumenmus
1 EL alter Aceto balsamico
grobes Meersalz
500 g Pappardelle
200 g Pfifferlinge

1 Die Schalotten und den Knoblauch schälen und in feine Würfel schneiden. Die Möhre putzen und schälen, den Sellerie putzen und waschen, beides ebenfalls in feine Würfel schneiden. In einem Topf 2 bis 3 EL Butter erhitzen und das Hackfleisch darin mit dem Speck unter Rühren krümelig anbraten, mit Fleur de Sel und Pfeffer würzen.

2 Schalotten-, Knoblauch-, Möhren- und Selleriewürfel in den Topf geben und mitbraten, nochmals mit Fleur de Sel und Pfeffer würzen. Die Dosentomaten entkernen und hinzufügen, dabei mit dem Kochlöffel grob zerkleinern. Die Kräuterzweige waschen, trocken schütteln und mit den restlichen ganzen Gewürzen dazugeben.

3 Mit dem Rot- und Portwein ablöschen und bei schwacher Hitze etwa 1 Stunde köcheln lassen, dabei immer wieder etwas Wasser oder nach Belieben Rinderbrühe dazugießen. Kurz vor dem Servieren die Wildbolognese mit Pflaumenmus, Essig, Fleur de Sel und Pfeffer abschmecken. Den Speck und die ganzen Gewürze entfernen.

4 Inzwischen für die Pappardelle reichlich Wasser zum Kochen bringen, mit Meersalz würzen und die Nudeln darin »al dente« garen. Die Pfifferlinge vorsichtig putzen und trocken abreiben – nur bei Bedarf kurz abbrausen und auf Küchenpapier abtropfen lassen. In einer Pfanne 2 EL Butter erhitzen, die Pilze darin anbraten und mit Fleur de Sel und Pfeffer würzen.

5 Zum Servieren die Pappardelle in ein Sieb abgießen, abtropfen lassen und mit der Wildbolognese auf vorgewärmten Tellern anrichten. Jeweils ein großes Stück Butter daraufgeben und schmelzen lassen. Die Pfifferlinge darauf verteilen und nach Belieben mit Thymianblättchen garniert servieren.

Mein Tipp

Sooft ich frische Tomaten verwende, für eine Sauce bolognese sind Dosentomaten meine erste Wahl. Auch in den Wintermonaten sollte man der Dosenware den Vorzug geben, da nur sonnengereifte Tomaten verarbeitet werden, die das volle Aroma besitzen.

Pasta & Risotto 65

Das Gemüse putzen, dabei vom Sellerie grobe Fäden entfernen. Alles in Würfel schneiden.

Das Hackfleisch in einem Topf in der Butter mit dem Speck unter Rühren krümelig braten.

Dosentomaten dazugeben und mit dem Kochlöffel leicht zerdrücken. Kräuter und Gewürze hinzufügen.

Die Wildbolognese kurz vor dem Servieren mit Pflaumenmus und Essig abschmecken.

Pasta & Risotto

Von der zu einer Rolle geformten Hackfleischmasse Scheiben abschneiden und zu Polpette formen.

Paniermehl und Haselnüsse in einem tiefen Teller mischen und die Polpette darin wälzen.

Die panierten Polpette im heißen Olivenöl 3 bis 5 Minuten frittieren. Mit dem Schaumlöffel herausheben.

Die blanchierten Erbsen in ein Sieb abgießen und kalt abschrecken.

Gratinierte Makkaroni mit Polpette und Taleggio

Zutaten für 4 Personen
Für die Polpette:
40 g Weißbrot
(in Scheiben; vom Vortag)
3–4 EL lauwarme Milch
1 Schalotte · 1 Knoblauchzehe
1 TL Olivenöl
1 EL Petersilie
(fein geschnitten)
1 TL Thymian
(fein geschnitten)
200 g Kalbshackfleisch
1 Eigelb
30 g geriebener Parmesan
Fleur de Sel
Pfeffer aus der Mühle
40 g Paniermehl
40 g Haselnüsse (fein gehackt)
Olivenöl zum Frittieren

Für die Makkaroni:
grobes Meersalz
400 g Makkaroni
1–2 EL Olivenöl
160 ml Tomatensugo
(Rezept siehe S. 50)
8 Basilikumblätter
(fein geschnitten)
160 g Taleggio
800 g frische Erbsen
Butter für die Form
80 g geriebener Parmesan
40 g Butter (in Flocken)

1 Für die Polpette die Brotscheiben mit der lauwarmen Milch übergießen und etwas ziehen lassen. Die Schalotte und den Knoblauch schälen und in feine Würfel schneiden. Das Olivenöl in einer Pfanne erhitzen, Schalotte und Knoblauch darin andünsten. Die Kräuter unterrühren und die Mischung abkühlen lassen.

2 Das Hackfleisch in einer Schüssel mit der Kräutermischung, dem Eigelb, dem eingeweichten Brot und dem Parmesan mischen und mit Fleur de Sel und Pfeffer würzen. Die Hackfleischmasse zu einer Rolle formen, in Scheiben schneiden und diese jeweils mit angefeuchteten Händen zu etwa haselnussgroßen runden Polpette formen.

3 Das Paniermehl in einem tiefen Teller mit den Haselnüssen mischen und die Hackfleischbällchen darin wälzen. Das Olivenöl in einem Topf auf etwa 170 °C erhitzen und die Polpette darin portionsweise 3 bis 5 Minuten goldbraun frittieren. Mit dem Schaumlöffel herausheben und auf Küchenpapier abtropfen lassen.

4 Für die Makkaroni reichlich Wasser zum Kochen bringen, mit Meersalz würzen und die Nudeln darin »al dente« garen. In ein Sieb abgießen, kalt abschrecken, abtropfen lassen und mit etwas Olivenöl mischen. Den Tomatensugo mit dem Basilikum verrühren. Den Taleggio entrinden und in Scheiben schneiden. Die Erbsen aus den Hülsen palen und in einem Topf in kochendem Salzwasser einige Minuten blanchieren. In ein Sieb abgießen, kalt abschrecken und abtropfen lassen.

5 Den Backofen auf 200 °C vorheizen. Eine ofenfeste Form einfetten und etwas Tomatensugo darin verteilen. Dann lagenweise Makkaroni, Parmesan, Tomatensugo, Taleggioscheiben und Erbsen einschichten, dabei die Polpette in die zweite und vierte Lage geben. Mit einer Schicht Makkaroni abschließen, den restlichen Tomatensugo darübergeben und den übrigen Parmesan darüberstreuen. Den Makkaroniauflauf mit Butterflocken belegen und im Ofen auf der mittleren Schiene etwa 30 Minuten goldbraun backen. Herausnehmen und sofort servieren.

Mein Tipp

Taleggio ist ein sehr würziger Weichkäse aus Norditalien, der leicht schmilzt und deshalb gern in der Küche verwendet wird. Ich nehme ihn nicht nur zum Überbacken von Pasta, sondern auch für Kartoffelgerichte, Risotti und Polenta.

Nudelteig selbst machen

Zutaten
250 g Hartweizengrieß
150 g Mehl
4 Eier · Salz
Hartweizengrieß
zum Bestreuen
1 Eiweiß zum Bestreichen
Mehl für das Backpapier
und die Arbeitsfläche

1 Den Grieß und das Mehl mischen, auf die Arbeitsfläche sieben und in die Mitte eine Mulde drücken. Die Eier in die Mulde geben und 1 Prise Salz hinzufügen. Die Zutaten mit den Händen zu einem glatten Teig verkneten und zu einer Kugel formen. In Frischhaltefolie wickeln und mindestens 1 Stunde im Kühlschrank ruhen lassen.

2 Den Nudelteig herausnehmen und halbieren. Den Teig mit Grieß bestreuen und mithilfe der Nudelmaschine zu dünnen Bahnen ausrollen.

♦ Für **Bandnudeln** die Teigbahnen aufrollen und mit einem scharfen Messer in nicht zu breite Nudeln schneiden. Die Bandnudeln zu Nestern formen und auf mit Mehl bestäubtes Backpapier setzen. Nach Belieben sofort verwenden, mit Frischhaltefolie zugedeckt im Kühlschrank bis zur Verwendung aufbewahren oder trocknen lassen.

♦ Für **Ravioli** eine Nudelbahn auf der bemehlten Arbeitsfläche auslegen. Je 1 TL Füllung mit etwas Abstand auf den Teig setzen und die Zwischenräume mit verquirltem Eiweiß bestreichen. Eine weitere Nudelbahn darauflegen und mit den Fingern um die Füllung herum festdrücken. Mit einem Ausstecher Ravioli ausstechen, auf mit Mehl bestäubtes Backpapier geben und am besten sofort weiterverarbeiten.

♦ Für **Tortelloni** aus den Nudelbahnen auf der bemehlten Arbeitsfläche Kreise mit 8 bis 10 cm Durchmesser ausschneiden. Je 1 TL Füllung auf die Teigkreise setzen und den Teig halbmondförmig darüberklappen. Die Ränder mit den Fingern etwas andrücken. Die runde Seite nach oben umklappen und die beiden spitzen Enden vorne zusammennehmen. Die Tortelloni auf mit Mehl bestäubtes Backpapier geben und am besten sofort weiterverarbeiten.

Mein Tipp

Ungeübte teilen den Nudelteig vor dem Ausrollen am besten in mehrere Portionen, dann werden die ausgerollten Bahnen nicht so lang und sind einfacher zu handhaben. Übrigen Nudelteig kann man auch prima einfrieren, er hält sich etwa 3 Monate.

Pasta & Risotto

Hartweizengrieß und Mehl mischen und auf die Arbeitsfläche sieben. Eine Mulde hineindrücken.

Die Eier aufschlagen und in die Mulde geben, 1 Prise Salz darüberstreuen.

Alle Zutaten zu einem glatten Teig verkneten. Zu einer Kugel formen, in Frischhaltefolie wickeln und 1 Stunde kühl stellen.

Den Nudelteig aus der Folie wickeln und mit einem großen Messer halbieren.

Die Teigportionen mithilfe der Nudelmaschine zu dünnen Bahnen ausrollen.

Für **Bandnudeln** die Nudelbahnen aufrollen und mit einem scharfen Messer in nicht zu breite Nudeln schneiden.

Die Bandnudeln als Nester auf mit Mehl bestäubtes Backpapier geben und etwas trocknen lassen.

Für **Ravioli** eine Nudelbahn auf der Arbeitsfläche auslegen und je 1 TL Füllung mit etwas Abstand daraufgeben.

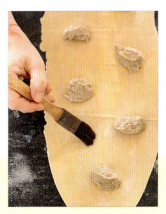
Die Zwischenräume mit verquirltem Eiweiß bestreichen, eine weitere Nudelbahn darüberlegen.

Um die Füllung herum fest andrücken und mit einem Ausstecher Ravioli ausstechen.

Für **Tortelloni** aus den Nudelbahnen Kreise ausschneiden und je 1 TL Füllung daraufsetzen.

Die Kreise zu Halbmonden zusammenklappen und zu Tortelloni drehen.

Lasagne alla Poletto mit Steinchampignons

Zutaten für 4 Personen
Für die Lasagneblätter:
150 g Hartweizengrieß
75 g Mehl · 2 Eier
Salz · Hartweizengrieß zum
Bestreuen · grobes Meersalz

Für die Béchamelsauce:
50 g Butter
50 g Mehl · 1/2 l Milch
50 g geriebener Parmesan
Salz · Pfeffer aus der Mühle
frisch geriebene Muskatnuss

Für die Füllung:
400 g Steinchampignons
2 Schalotten
1/2 Knoblauchzehe
2 EL Butter · 1 EL Thymian
(fein geschnitten)
Salz · Pfeffer aus der Mühle
1 EL Polettos Pilzgewürz
»Kleiner Pilz«
1/4 l Tomatensugo
(Rezept siehe S. 50)
150 g geriebener Parmesan

1 Für die Lasagneblätter den Nudelteig, wie auf S. 68, Schritt 1 beschrieben, zubereiten.

2 Den Nudelteig mit Grieß bestreuen, mithilfe der Nudelmaschine dünn ausrollen und Lasagneblätter in der Größe der ofenfesten Form ausschneiden. Reichlich Wasser zum Kochen bringen, mit Meersalz würzen und die Nudeln darin »al dente« garen. Die Lasagneblätter mit dem Schaumlöffel einzeln herausheben und kalt abschrecken.

3 Für die Béchamelsauce die Butter in einem kleinen Topf zerlassen und das Mehl dazusieben, dabei mit dem Kochlöffel ständig rühren. Die Milch unter Rühren nach und nach dazugießen, die Sauce aufkochen und mindestens 4 bis 5 Minuten weiterköcheln lassen. Den Parmesan hinzufügen und die Béchamelsauce mit Salz, Pfeffer und Muskatnuss abschmecken.

4 Für die Füllung die Steinchampignons putzen, trocken abreiben und in dünne Scheiben schneiden. Die Schalotten und den Knoblauch schälen und in feine Würfel schneiden. In einer Pfanne 1 EL Butter erhitzen, Schalotten und Knoblauch darin andünsten. Die Pilze dazugeben und kurz braten. Den Thymian hinzufügen, mit Salz, Pfeffer und dem Pilzgewürz abschmecken. Den Backofen auf 220°C vorheizen.

5 Eine ofenfeste Form mit der restlichen Butter einfetten und abwechselnd Lasagneblätter, Tomatensugo, Steinchampignons und Béchamelsauce hineinschichten. Mit einer Schicht Béchamelsauce abschließen, nach Belieben einige Pilzscheiben darauf verteilen und mit dem Parmesan bestreuen. Die Lasagne im Ofen auf der mittleren Schiene etwa 20 Minuten backen.

Mein Tipp

Die bräunlich gefärbten Steinchampignons sind wesentlich aromatischer als ihre weißen Verwandten. Sie können die Lasagne zur Abwechslung auch einmal mit Steinpilzen, Egerlingen oder Pfifferlingen zubereiten.

Pasta & Risotto

Für die Béchamelsauce die Milch unter Rühren zu der Butter-Mehl-Mischung in den Topf gießen.

Die Pilze mit Schalotten und Knoblauch braten, mit Salz, Pfeffer und Pilzgewürz abschmecken.

Alle Zutaten für die Lasagne abwechselnd in eine gefettete ofenfeste Form schichten.

Mit Béchamelsauce und nach Belieben Pilzen abschließen und mit geriebenem Parmesan bestreuen.

Pasta & Risotto

Handgemachte Tortelloni
alla carbonara mit Pancetta

Zutaten für 4 Personen
Für den Nudelteig:
1/2 Rezept Nudelteig
(siehe S. 68)

Für die Füllung:
2 Blatt weiße Gelatine
8 Eigelb
50 g geriebener Pecorino
Salz · Pfeffer aus der Mühle
frisch geriebene Muskatnuss
2 EL geschlagene Sahne

Für den Sugo:
4 Scheiben Pancetta
(ital. Bauchspeck)
1 Schalotte
1 Knoblauchzehe
1 TL Butter
3 cl trockener Weißwein
1/4 l Geflügelfond
60 g kalte Butter
1 EL Petersilie
(fein geschnitten)
Salz · Pfeffer aus der Mühle

Außerdem:
Hartweizengrieß
zum Bestreuen
1 Eiweiß zum Bestreichen
grobes Meersalz
30 g Parmesan (am Stück)

1 Den Nudelteig, wie auf S. 68, Schritt 1 beschrieben, zubereiten.

2 Für die Füllung die Gelatine in kaltem Wasser einweichen. Die Eigelbe in einer Schüssel über dem heißen Wasserbad schaumig aufschlagen. Die Gelatine ausdrücken und in der warmen Eigelbmasse auflösen. Die Masse kalt schlagen und den Pecorino unterrühren, mit Salz, Pfeffer und Muskatnuss abschmecken. Zum Schluss die geschlagene Sahne unterheben und die Füllung kühl stellen.

3 Den Nudelteig mit Grieß bestreuen, mithilfe der Nudelmaschine dünn ausrollen und Kreise mit 8 bis 10 cm Durchmesser ausschneiden. Jeweils 1 TL Füllung in die Mitte der Teigkreise setzen, die Ränder mit verquirltem Eiweiß bestreichen, den Teig halbmondförmig über die Füllung klappen und verschließen. Die runde Seite umklappen und die beiden spitzen Enden vorne zusammennehmen (siehe S. 69, Step unten).

4 Für den Sugo den Pancetta in Streifen schneiden. Die Schalotte und den Knoblauch schälen und in feine Würfel schneiden. Die Butter in einer Pfanne erhitzen und den Pancetta darin anbraten. Die Schalotten- und Knoblauchwürfel dazugeben, mit dem Wein ablöschen und etwas einköcheln lassen. Den Fond dazugießen, wieder etwas einköcheln lassen. Die kalte Butter in Würfel schneiden und unterrühren, die Petersilie dazugeben und den Sugo mit Salz und Pfeffer abschmecken.

5 Für die Tortelloni reichlich Wasser zum Kochen bringen, mit Meersalz würzen und die Nudeln darin etwa 3 Minuten ziehen lassen, das Wasser sollte dabei nicht mehr kochen. Mit dem Schaumlöffel aus dem Topf heben, kurz abtropfen lassen und in den Pancettasugo geben. Die Tortelloni auf vorgewärmte tiefe Teller verteilen und mit dem Pancettasugo übergießen. Den Parmesan in groben Spänen darüberhobeln.

Mein Tipp

Zu Spaghetti passt eine schnelle Carbonara-Version: 150 g gewürfelten Pancetta in 1 EL Butter braten. 3 Eier mit je 50 g geriebenem Parmesan und Pecorino verrühren, salzen und pfeffern. Die abgetropften Nudeln zum Speck geben, die Eiermasse rasch untermischen.

Pasta & Risotto 73

Eigelbe über dem heißen Wasserbad schaumig aufschlagen. Ausgedrückte Gelatine unterrühren.

Für den Sugo die Pancettascheiben in dünne Streifen schneiden.

Die Schalotte schälen und in feine Würfel schneiden.

Den Parmesan in groben Spänen über die Tortelloni und den Pancettasugo hobeln.

Pasta & Risotto

Den Blattspinat verlesen, dabei grobe Stiele und Blattrippen entfernen.

Den gedünsteten Spinat mit Salz, Pfeffer und frisch geriebener Muskatnuss würzen.

Für die Salbeibutter die Brühe aufkochen, die kalten Butterwürfel und die Salbeiblätter unterrühren.

Für die Ofentomaten die Tomaten in Spalten schneiden und die Kerne entfernen (Rezept siehe S. 50).

Ziegenricotta-Tortelloni mit Saubohnen in Salbeibutter

Zutaten für 4 Personen

Für den Nudelteig:
½ Rezept Nudelteig
(siehe S. 68)

Für die Füllung:
250 g Ziegenricotta oder -quark
ca. 500 g Blattspinat
1 Knoblauchzehe
1 EL Olivenöl
Fleur de Sel
Pfeffer aus der Mühle
frisch geriebene Muskatnuss
1 Eigelb
50 g geriebener Parmesan

Für die Salbeibutter:
½ l Hühnerbrühe
(Rezept siehe S. 34)
125 g kalte Butter
4–6 Salbeiblätter
8 Ofentomatenfilets
(Rezept siehe S. 50)
4 EL Saubohnenkerne
(gepalt und vorgegart)
Fleur de Sel
Pfeffer aus der Mühle

Außerdem:
Hartweizengrieß
zum Bestreuen
1 Eiweiß zum Bestreichen
grobes Meersalz

1 Den Nudelteig, wie auf S. 68, Schritt 1 beschrieben, zubereiten.

2 Für die Füllung den Ziegenricotta auf einem mit einem Küchentuch ausgelegten Sieb mindestens 2 Stunden abtropfen lassen. Den Spinat verlesen, waschen und trocken schleudern, grobe Stiele entfernen. Den Knoblauch schälen. Das Olivenöl in einem Topf erhitzen und den Spinat darin mit dem Knoblauch durchschwenken. Mit Fleur de Sel, Pfeffer und Muskatnuss abschmecken. Den Knoblauch entfernen und aus dem Spinat mit einem Küchentuch das Wasser kräftig ausdrücken.

3 Den Spinat grob hacken und in einer Schüssel mit dem Ziegenricotta, dem Eigelb und dem Parmesan verrühren. Die Füllung mit Fleur de Sel, Pfeffer und Muskatnuss abschmecken.

4 Für die Salbeibutter die Brühe aufkochen, die Butter in Würfel schneiden und nach und nach unterrühren. Die Salbeiblätter waschen und trocken tupfen. Die Hälfte der Salbeiblätter in den Topf geben und den Sud auf die gewünschte Konsistenz einköcheln lassen. Den Salbei wieder entfernen.

5 Die restlichen Salbeiblätter und die Ofentomatenfilets in Streifen schneiden und mit den Saubohnenkernen in die Salbeibutter geben. Mit Fleur de Sel und Pfeffer abschmecken.

6 Den Nudelteig mit Grieß bestreuen, mithilfe der Nudelmaschine dünn ausrollen und Kreise mit 8 bis 10 cm Durchmesser ausschneiden. Jeweils 1 TL Füllung in die Mitte der Teigkreise setzen, die Ränder mit verquirltem Eiweiß bestreichen, den Teig halbmondförmig über die Füllung klappen und verschließen. Die runde Seite umklappen und die beiden spitzen Enden vorne zusammennehmen (siehe S. 69, Step unten).

7 Für die Tortelloni reichlich Wasser zum Kochen bringen, mit Meersalz würzen und die Nudeln darin etwa 5 Minuten ziehen lassen, das Wasser sollte dabei nicht mehr kochen. Die Salbeibutter erhitzen, die gegarten Tortelloni kurz hineingeben und mit dem Sud in vorgewärmten tiefen Tellern anrichten. Nach Belieben Parmesan darüberhobeln.

Mein Tipp

Saubohnen heißen bei uns auch Dicke Bohnen oder Ackerbohnen; sie sind frisch, getrocknet, als Konserven und vor allem tiefgekühlt im Handel. Die frischen Bohnen blanchiert man und palt dann die Kerne aus den Hülsen.

Pasta & Risotto

Die Auberginenhälften mit Kräutern und Knoblauch belegen und mit Olivenöl beträufeln.

Das ausgelöste Auberginenfruchtfleisch mit Ricotta und Eigelb mit dem Stabmixer pürieren.

Die Muscheln in einer Pfanne mit Knoblauch und Thymian erhitzen und mit Weißwein ablöschen.

Venusmuscheln und Sugo mit Kirschtomaten erhitzen, Ravioli und Basilikum hinzufügen.

Auberginenravioli mit Tomaten-Vongole-Sugo

Zutaten für 4 Personen

Für den Nudelteig:

1 Rezept Nudelteig
(siehe S. 68)

Für die Füllung:

2 Knoblauchzehen
je 2 Zweige Thymian und
Rosmarin · 2 Auberginen
4 EL Olivenöl
Fleur de Sel
Pfeffer aus der Mühle
2–4 EL Ziegenricotta
1 Eigelb

Für den Sugo:

1 kg Vongole veraci
1 getrockneter Peperoncino
1 Knoblauchzehe
2 Zweige Thymian
4 EL Olivenöl
200 ml trockener Weißwein
12 Kirschtomaten
2 EL Basilikum
(fein geschnitten)
Fleur de Sel
Pfeffer aus der Mühle

Außerdem:

Hartweizengrieß
zum Bestreuen
Mehl für die Arbeitsfläche
und das Blech
1 Eiweiß · grobes Meersalz

1 Den Nudelteig, wie auf S. 68, Schritt 1 beschrieben, zubereiten.

2 Für die Füllung den Backofen auf 200 °C vorheizen. Den Knoblauch schälen und in Scheiben schneiden. Die Kräuterzweige waschen und trocken schütteln. Die Auberginen putzen, waschen und längs halbieren, die Schnittflächen mit Knoblauch und Kräutern belegen. Mit dem Olivenöl beträufeln, mit Fleur de Sel und Pfeffer würzen und die Hälften wieder aufeinanderlegen. Die Auberginen in Alufolie wickeln und im Ofen auf der mittleren Schiene 30 bis 40 Minuten garen.

3 Die Auberginen auskühlen lassen und das Fruchtfleisch aus den Schalen lösen. Das Fruchtfleisch mit dem Ziegenricotta und dem Eigelb in einen hohen Rührbecher geben und mit dem Stabmixer fein pürieren. Die Füllung mit Fleur de Sel und Pfeffer würzen und kühl stellen.

4 Für den Sugo die Muscheln putzen. Den Peperoncino grob hacken und mit den Muscheln in einer Schüssel mischen. Die Muscheln unter fließendem kaltem Wasser waschen, dabei gegeneinanderreiben, um Kalk- und Sandablagerungen zu entfernen. Abgießen, abtropfen lassen und bereits geöffnete Exemplare aussortieren.

5 Den ungeschälten Knoblauch, die Thymianzweige und die Muscheln in einer Pfanne im Olivenöl erhitzen. Umrühren und mit dem Wein ablöschen. Zugedeckt so lange köcheln lassen, bis sich die Muschelschalen geöffnet haben. Geschlossene Exemplare aussortieren.

6 Den Nudelteig mit Grieß bestreuen und mithilfe der Nudelmaschine zu dünnen Bahnen ausrollen. Die Hälfte des Teigs auf der bemehlten Arbeitsfläche auslegen. Mit etwas Abstand je 1 TL Füllung auf den Teig setzen und die Zwischenräume mit verquirltem Eiweiß bestreichen. Mit dem restlichen Teig bedecken und, wie auf S. 68–69 beschrieben, Ravioli zubereiten. In kochendem Salzwasser etwa 3 Minuten garen. Die Kirschtomaten waschen und halbieren. Die Muscheln mit dem Sugo und den Tomaten erhitzen, die Ravioli hinzufügen, mit dem Basilikum, Fleur de Sel und Pfeffer abschmecken. Die Ravioli mit den Muscheln und dem Sugo in vorgewärmten tiefen Tellern anrichten.

Mein Tipp

Das Säubern von Muscheln ist oft sehr mühselig und zeitaufwendig. Es gibt aber einen einfachen Trick: Durch den gehackten Peperoncino im Waschwasser und das Gegeneinanderreiben werden die Muscheln gründlich von Sand- und Kalkablagerungen gereinigt.

Gnocchi mit Gorgonzolasauce und gehackten Pistazien

Zutaten für 4 Personen
Für die Gnocchi:
400 g grobes Meersalz
1 kg mehlig kochende Kartoffeln
75 g Kartoffelmehl
150 g Mehl
3 Eigelb
Salz · Pfeffer aus der Mühle
frisch geriebene Muskatnuss
Mehl für die Arbeitsfläche
4 EL Pistazienkerne

Für die Gorgonzolasauce:
2 Schalotten
1/2 Knoblauchzehe
1 EL Butter
1/2 l Geflügelfond
50 ml Milch
250 g Gorgonzola
Salz · Pfeffer aus der Mühle

1 Für die Gnocchi den Backofen auf 180°C vorheizen. Das Meersalz auf einem Backblech verteilen. Die Kartoffeln eventuell abbürsten, auf das Salz setzen und im Ofen auf der mittleren Schiene etwa 1 Stunde weich garen.

2 Die Kartoffeln herausnehmen, nur kurz ausdampfen lassen, dann längs halbieren und das Fruchtfleisch aus den Schalen lösen. Das ausgekratzte warme Kartoffelmus durch die Kartoffelpresse in eine Schüssel drücken.

3 Das Kartoffelmehl, das Mehl und die Eigelbe in die Schüssel geben und mit einem Kochlöffel unterheben. Die Kartoffelmasse mit Salz, Pfeffer und Muskatnuss abschmecken und zu einem glatten Teig verkneten. Auf der bemehlten Arbeitsfläche zu etwa 2 cm dicken Rollen formen und von den Teigrollen mit einem Messer 2 cm breite Stücke abschneiden. Die Kartoffelteigstücke zwischen zwei Gabeln auf beiden Seiten leicht eindrücken, sodass Rillen entstehen.

4 Die Gnocchi in einem Topf in siedendem Salzwasser garen, bis sie an die Wasseroberfläche steigen. Die Pistazien in einer Pfanne ohne Fett unter Rühren anrösten und hacken.

5 Für die Gorgonzolasauce die Schalotten und den Knoblauch schälen und in feine Würfel schneiden. Die Butter in einem Topf erhitzen, die Schalotten- und Knoblauchwürfel darin andünsten. Mit dem Fond ablöschen und auf die Hälfte einkochen lassen. Dann die Milch dazugeben, alles nochmals aufkochen lassen und durch ein feines Sieb passieren. Den Gorgonzola in Stücke schneiden, in die Sauce rühren und schmelzen lassen. Mit Salz und Pfeffer abschmecken.

6 Die Gnocchi mit der Gorgonzolasauce auf vorgewärmten Tellern anrichten und mit den gehackten Pistazien bestreuen.

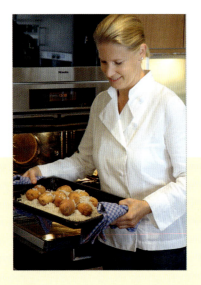

Mein Tipp

Die Kartoffeln mit Meersalz im Ofen zu garen ist eine besonders aromaschonende Zubereitungsart. Alternativ können Sie die Kartoffeln in Alufolie gewickelt backen oder auch ganz herkömmlich als Pellkartoffeln in kochendem Wasser garen.

Pasta & Risotto 79

Die Kartoffeln auf einem Backblech auf grobem Meersalz im Ofen weich garen.

Das warme ausgekratzte Kartoffelmus durch die Kartoffelpresse in eine Schüssel drücken.

Von den Teigrollen etwa 2 cm breite Stücke abschneiden und zwischen 2 Gabeln leicht eindrücken.

Die gerösteten Pistazien mit einem großen Messer hacken.

Pasta & Risotto

Steinpilzrisotto
mit Kräutern und Vogelbeeren

Zutaten für 4 Personen

400 g frische Steinpilze
ca. 1 l Hühnerbrühe
(Rezept siehe S. 34;
ersatzweise Gemüsebrühe)
1 Schalotte
1 Knoblauchzehe
80 g Butter
Fleur de Sel
250 g Risottoreis
(z. B. Carnaroli)
50 ml trockener Weißwein
Pfeffer aus der Mühle
ca. 80 g geriebener Parmesan
1 EL Petersilie
(fein geschnitten)
je 1 TL Rosmarin und Thymian
(fein geschnitten)
4 TL Vogelbeeren
(in Sirup eingelegt;
aus dem Feinkostladen)

1 Die Steinpilze putzen und trocken abreiben. Die Hälfte der Steinpilze in Würfel schneiden, die andere Hälfte je nach Größe halbieren oder vierteln. Die Brühe zum Kochen bringen.

2 Die Schalotte und den Knoblauch schälen und in feine Würfel schneiden. In einem Topf 2 EL Butter erhitzen, die Schalotte und den Knoblauch darin glasig dünsten. Die Steinpilzwürfel dazugeben und mit etwas Fleur de Sel würzen. Den Risottoreis hinzufügen und ebenfalls glasig dünsten. Mit dem Wein ablöschen und fast vollständig einköcheln lassen.

3 Mit dem Schöpflöffel so viel heiße Brühe zum Reis geben, dass dieser gerade bedeckt ist. Bei schwacher Hitze offen unter ständigem Rühren köcheln lassen, bis der Reis die Flüssigkeit vollständig aufgenommen hat. Erneut Brühe dazugießen und so weiterverfahren, bis der Risottoreis nach 20 bis 30 Minuten »al dente« ist.

4 Kurz vor Ende der Garzeit 3 EL Butter in einer Pfanne erhitzen und die restlichen Steinpilze darin rundum goldbraun braten. Mit Fleur de Sel und Pfeffer würzen.

5 Den Risotto vom Herd nehmen, die restliche Butter und den Parmesan unterrühren und mit Fleur de Sel und Pfeffer abschmecken. Die Kräuter und die Vogelbeeren unterheben. Den Risotto auf vorgewärmte tiefe Teller verteilen und die gebratenen Steinpilze darauf anrichten.

Mein Tipp

Die eingelegten Vogelbeeren haben ein feines Mandelaroma und harmonieren daher geschmacklich sehr gut mit den Pilzen. Ersatzweise können Sie auch Heidelbeeren – sei es frisch oder gezuckert aus dem Glas – verwenden.

Pasta & Risotto   81

Schalotte und Knoblauch andünsten, den Reis und die in Würfel geschnittenen Pilze dazugeben.

Mit dem Schöpflöffel so viel heiße Brühe zum Reis geben, dass dieser gerade bedeckt ist.

Den geriebenen Parmesan zum Risotto geben und unterrühren.

Die restlichen Steinpilze in einer Pfanne in heißer Butter rundum goldbraun braten.

Pasta & Risotto

Weißer Spargelrisotto mit Scampi und Minze

Zutaten für 4 Personen
500 g weißer Spargel
Zucker
Saft von ½ Zitrone
½ Brötchen (vom Vortag)
1 Schalotte
1 Knoblauchzehe
4 EL Butter
250 g Risottoreis
(z. B. Carnaroli)
50 ml trockener Weißwein
8 Scampi (Kaisergranat;
ersatzweise Garnelen)
2 EL Olivenöl
Fleur de Sel
Piment d'Espelette
(siehe Tipp S. 124)
16 Blätter Minze
ca. 80 g geriebener Parmesan
Pfeffer aus der Mühle

1 Den Spargel schälen und die Schalen mit 1 Prise Zucker, dem Zitronensaft und dem Brötchen in einen Topf geben. So viel kaltes Wasser dazugießen, dass die Schalen bedeckt sind, und aufkochen lassen. Den Topf vom Herd nehmen und den Spargelfond etwa 30 Minuten ziehen lassen. Durch ein feines Sieb in einen Topf passieren und nochmals aufkochen lassen.

2 Von den Spargelstangen die holzigen Enden entfernen und die Stangen – bis auf die Spitzen – in Scheiben schneiden. Die Schalotte und den Knoblauch schälen und in feine Würfel schneiden. In einem Topf 1 EL Butter erhitzen, Schalotte und Knoblauch darin glasig dünsten. Spargelscheiben und Reis dazugeben und mitdünsten, bis der Reis glasig ist. Mit dem Wein ablöschen und fast vollständig einköcheln lassen.

3 Mit dem Schöpflöffel so viel heißen Spargelfond zum Reis geben, dass dieser gerade bedeckt ist. Bei schwacher Hitze offen unter ständigem Rühren köcheln lassen, bis der Reis die Flüssigkeit vollständig aufgenommen hat. Erneut Fond dazugießen und so weiterverfahren, bis der Risottoreis nach 20 bis 30 Minuten »al dente« ist.

4 Die Spargelspitzen in einer Pfanne in 1 EL Butter mit etwas Salz und Zucker andünsten. Wenig Spargelfond dazugießen und die Spitzen weiterdünsten, bis sie gar sind.

5 Von den Scampi die Köpfe abdrehen und die Scampi – bis auf das Schwanzstück – schälen. Am Rücken entlang einschneiden und den dunklen Darm entfernen. Die Scampi waschen und trocken tupfen. Das Olivenöl in einer Pfanne erhitzen und die Scampi darin bei mittlerer Hitze auf beiden Seiten jeweils etwa 2 Minuten braten. Mit Fleur de Sel und Piment d'Espelette würzen.

6 Die Minze waschen und trocken tupfen, 4 schöne Spitzen für die Deko beiseitelegen, die restlichen Blätter fein schneiden. Die übrige Butter und den Parmesan unter den Risotto rühren, die Minze unterheben und den Risotto mit Fleur de Sel und Pfeffer abschmecken. Den Risotto mit den Scampi und den Spargelspitzen in vorgewärmten tiefen Tellern anrichten und mit den Minzespitzen garnieren.

Mein Tipp

Beim Risottokochen kommt es nicht nur auf geduldiges Rühren an. Das Wichtigste ist, dass Sie nur heißen Fond angießen. So wird der Garprozess nicht immer wieder unterbrochen, und der Risotto wird wunderbar cremig.

Pasta & Risotto

Die weißen Spargelstangen mit dem Sparschäler schälen. Die Schalen in einen Topf geben.

Die Spargelstangen – bis auf die Spitzen – in Scheiben schneiden, die holzigen Enden entfernen.

Die Scampi bis auf das Schwanzstück schälen und den dunklen Darm entfernen.

Den Risotto mit Butter, geriebenem Parmesan und fein geschnittener Minze abschmecken.

Fisch & Meeresfrüchte

»Fisch bekommt man in Italien überall. Das ist bei uns leider anders. Ich empfehle deshalb: Machen Sie sich frei von den Rezepten. Kaufen Sie das, was Sie frisch in Ihrer Region bekommen. Es muss nicht immer Loup de Mer sein, eine Forelle kann genauso gut schmecken. Achten Sie unbedingt darauf, dass der Fisch frisch ist – er darf nicht riechen. Suchen Sie sich also einen Händler, dem Sie vertrauen. Dann werden Sie viel Spaß an meinen Fischgerichten haben!«

86 Fisch & Meeresfrüchte

Von den Doraden die Flossen mit einer Küchenschere abschneiden.

Die Fische auf einem mit Alufolie überzogenen Backblech gleichmäßig in den Salzteig einpacken.

Die harte Salzkruste der gegarten Doraden mit einem Sägemesser aufschneiden.

Die Haut mithilfe einer Gabel von den Doraden entfernen und die Fischfilets auslösen.

Fisch & Meeresfrüchte   87

Dorade in der Salzkruste mit Peperonata

Zutaten für 4 Personen

Für die Peperonata:
je 2 rote und gelbe
Paprikaschoten
Olivenöl für das Blech
2 Tomaten
8 Frühlingszwiebeln
1 rote Zwiebel
1 Knoblauchzehe
3 EL Olivenöl
Fleur de Sel
gemahlener Piment
8 eingelegte Kapernäpfel
8 grüne Oliven (entsteint)
1–2 EL Basilikum
(fein geschnitten)
1 EL Estragon
(fein geschnitten)

Für die Doraden:
2 Doraden (à 500 g;
küchenfertig)
je 4 Stiele Basilikum,
Estragon und Petersilie
4 Zweige Thymian
2 Knoblauchzehen
4 kg grobes Meersalz
(z. B. Sel de Guerande)
200 g Mehl
100 g Speisestärke
8 Eier

1 Für die Peperonata die Paprikaschoten längs vierteln, entkernen, waschen und trocken tupfen. Paprikaviertel auf ein geöltes Backblech legen und, wie auf S. 15, Schritt 3 beschrieben, im Backofen grillen. Herausnehmen, mit einem feuchten Küchentuch bedecken und auskühlen lassen.

2 Für die Doraden die Backofentemperatur auf 180°C (Ober- und Unterhitze) schalten. Die Doraden innen und außen waschen und trocken tupfen. Die Flossen mit einer Küchenschere abschneiden. Die Kräuter waschen und trocken schütteln, den Knoblauch schälen. Die Doraden mit den Kräutern und dem Knoblauch füllen.

3 Das Meersalz mit dem Mehl, der Speisestärke und den Eiern in der Küchenmaschine oder mit den Knethaken des Handrührgeräts zu einem Teig verrühren. Ein Backblech umdrehen und mit Alufolie überziehen. Einen Teil des Salzteigs auf das Blech geben, die Fische darauflegen und beide Fische einzeln mit dem restlichen Teig gleichmäßig bedecken. Die Fische im Ofen auf der mittleren Schiene etwa 25 Minuten garen.

4 Für die Peperonata die Tomaten überbrühen, kalt abschrecken, häuten, vierteln und entkernen. Die Frühlingszwiebeln putzen, waschen und in feine Ringe schneiden. Die Zwiebel und den Knoblauch schälen, die Zwiebel in feine Streifen, den Knoblauch in feine Scheiben schneiden. Die gegrillten Paprikaviertel häuten und in Streifen schneiden.

5 Das Olivenöl in einer Pfanne erhitzen, die Zwiebel und den Knoblauch darin andünsten. Mit Fleur de Sel und Piment würzen. Die Paprika dazugeben und etwa 5 Minuten schmoren. Die Tomaten, die Kapernäpfel, die Oliven und die Kräuter dazugeben und die Peperonata nochmals mit Fleur de Sel und Piment abschmecken.

6 Die Fische aus dem Ofen nehmen. Die Salzkruste ringsum auf Höhe der Rückenflosse vorsichtig mit einem Sägemesser aufschneiden. Die Haut entfernen und die Doradenfilets auslösen. Die Peperonata auf vorgewärmte Teller verteilen und die Fischfilets darauf anrichten.

Mein Tipp

Durch das Garen in der Salzkruste wird die Dorade sehr saftig, zart und aromatisch. Die Fische auf ein umgedrehtes Backblech zu legen ist ein einfacher Trick: Dadurch stört der Rand des Blechs nach dem Garen nicht beim Aufschneiden der Salzkruste.

Gefüllte Nordseescholle mit Pfifferlingen und Lardo di Colonnata

Zutaten für 4 Personen

4 kleine Schollen
(küchenfertig)
Fleur de Sel
2–3 EL Olivenöl
je 1 Zweig Rosmarin
und Thymian
2 Knoblauchzehen
4 Frühlingszwiebeln
4 Scheiben Lardo di Colonnata
(ital. grüner Speck)
400 g kleine feste Pfifferlinge
1 TL Thymian
(fein geschnitten)
1 EL Schnittlauchröllchen
1 EL Petersilie
(fein geschnitten)
Salz · Pfeffer aus der Mühle

1 Den Backofen auf 180°C vorheizen. Die Schollen am Rückgrat bis zum Schwanzstück längs einschneiden und die Gräten mithilfe einer Küchenschere auslösen. Die Schollen waschen, trocken tupfen und leicht mit Fleur de Sel würzen.

2 Das Olivenöl in einer großen Pfanne erhitzen und die Schollen darin auf einer Seite anbraten. Wenden, die Kräuter und den ungeschälten Knoblauch dazugeben. Die Schollen auf der zweiten Seite ebenfalls anbraten, dann auf ein Backblech legen und im Ofen auf der mittleren Schiene etwa 4 Minuten fertig garen.

3 Inzwischen die Frühlingszwiebeln putzen, waschen und in feine Ringe schneiden. Den Speck in feine Würfel schneiden. Die Pfifferlinge vorsichtig putzen und trocken abreiben – nur bei Bedarf kurz abbrausen und auf Küchenpapier abtropfen lassen.

4 Die Speckwürfel in einer Pfanne auslassen. In ein Sieb abgießen, dabei das Fett auffangen. Den Speck beiseitestellen.

5 Das Fett in der Pfanne erhitzen und die Pfifferlinge darin anbraten. Die Frühlingszwiebeln dazugeben und kurz mitbraten. Die Speckwürfel und die Kräuter untermischen und die Pilze mit Salz und Pfeffer abschmecken.

6 Die Schollen aus dem Ofen nehmen und die Haut an der aufgeschnittenen Seite abziehen. Die Schollen mit dem Pfifferlinggemüse füllen und auf vorgewärmten Tellern anrichten. Als Beilage dazu passen z. B. in Thymianbutter geschwenkte Gnocchi.

Mein Tipp

Plattfische wie Schollen haben festes, sehr schmackhaftes Fleisch. Kenner schätzen vor allem frische Maischollen. Wer sich davor scheut, die Fische selbst aufzuschneiden, kann sie sich natürlich auch bereits vom Fischhändler entsprechend vorbereiten lassen.

Fisch & Meeresfrüchte 89

Die Schollen mit einem scharfen Messer am Rückgrat längs bis zum Schwanzstück einschneiden.

Die Gräten mithilfe einer Küchenschere auslösen.

Den Speck in einer Pfanne auslassen und in ein Sieb abgießen, dabei das Fett auffangen.

Die gegarten Schollen mit dem Pfifferlinggemüse füllen.

Fisch & Meeresfrüchte

Rotbarsch im Ganzen gebraten

Zutaten für 4 Personen
1 Rotbarsch (ca. 1 1/2 kg;
küchenfertig)
1 junge Knoblauchknolle
1 unbehandelte Zitrone
2 Zweige Thymian
je 2 Stiele Estragon
und Petersilie
ca. 120 ml Olivenöl
300 g junger Blattspinat
ca. 2 EL Zitronensaft
Fleur de Sel
Pfeffer aus der Mühle

1 Den Backofen auf 160 °C vorheizen. Den Rotbarsch innen und außen waschen und mit Küchenpapier trocken tupfen.

2 Die Knoblauchknolle so schälen, dass sie noch zusammenhält, und quer in breite Scheiben schneiden. Die Zitrone heiß waschen, trocken reiben und ebenfalls in Scheiben schneiden. Die Zitronenscheiben nochmals halbieren. Die Kräuter waschen und trocken schütteln.

3 Den Rotbarsch mit den Kräutern und jeweils der Hälfte der Knoblauch- und Zitronenscheiben füllen. Den Fisch auf ein Backblech legen und die restlichen Knoblauch- und Zitronenscheiben auf dem Blech verteilen. Den Rotbarsch mit 80 ml Olivenöl beträufeln und im Ofen auf der mittleren Schiene 25 bis 30 Minuten garen.

4 Inzwischen den Spinat verlesen, waschen und trocken schleudern. In einer Schüssel mit dem restlichen Olivenöl und dem Zitronensaft marinieren. Mit Fleur de Sel und Pfeffer abschmecken.

5 Den Rotbarsch aus dem Ofen nehmen und nach Belieben die Haut entfernen. Den Fisch filetieren und mit Fleur de Sel würzen. Mit dem Spinatsalat servieren.

Mein Tipp

Ganze Fische im Ofen nur mit Olivenöl, Zitrone, Knoblauch und Mittelmeerkräutern zuzubereiten ist typisch für die italienische Küche. Auf diese Weise können Sie auch andere Fische, wie etwa Lachsforelle, Dorade, Red Snapper oder Loup de Mer, garen.

Fisch & Meeresfrüchte 91

Knoblauchknolle und Zitrone quer in Scheiben schneiden. Zitronenscheiben nochmals halbieren.

Den gewaschenen Rotbarsch mit Thymian, Estragon, Petersilie, Knoblauch und Zitrone füllen.

Der gegarten Rotbarsch aus dem Ofen nehmen, filetieren und mit Fleur de Sel würzen.

Die Spinatblätter mit Olivenöl und Zitronensaft marinieren. Mit Fleur de Sel und Pfeffer würzen.

92   *Fisch & Meeresfrüchte*

Fischfilets bis zur Schwanzflosse auslösen und die Gräten mithilfe einer Küchenschere entfernen.

Die Rotbarben-»Doppelfilets« mit dem Zwiebelconfit füllen.

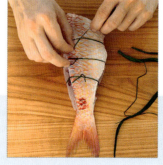

Die Rotbarben mit jeweils 3 blanchierten Schnittlauchhalmen zusammenbinden.

Zum Servieren die geschlagene Sahne mit dem Stabmixer unter den Mandelschaum rühren.

Gefüllte Rotbarbe
mit Mandelschaum und Venerisotto

Zutaten für 4 Personen

Für den Venerisotto:

1 Schalotte · 1 Knoblauchzehe
3 EL Butter
160 g Venere-Reis (siehe Tipp)
Salz · 100 ml roter Portwein
150 ml trockener Rotwein
300 ml Hühnerbrühe
2 EL geriebener Parmesan
1 EL Petersilie (fein
geschnitten) · 1 TL Thymian
(fein geschnitten)
Pfeffer aus der Mühle

Für die Rotbarben:

4 rote Zwiebeln
1 EL Zucker · 1 EL Butter
4 Zweige Thymian · Fleur de Sel
Pfeffer aus der Mühle
150 ml trockener Rotwein
50 ml roter Portwein
4 Rotbarben (à 300 g; küchenfertig) · 12 Halme Schnittlauch
(blanchiert) · 100 ml Olivenöl

Für den Mandelschaum:

40 g Mandelblättchen
1 Schalotte · 1 EL Butter
50 ml trockener Weißwein
30 ml weißer Portwein
100 ml Hühnerbrühe
50 ml Milch · 50 g Sahne
1 EL Mandelöl · Fleur de Sel
2 EL geschlagene Sahne

1 Für den Venerisotto Schalotte und Knoblauch schälen, in feine Würfel schneiden und in einem Topf in 1 TL Butter glasig dünsten. Den Reis dazugeben und ebenfalls glasig dünsten. Leicht salzen, mit Portwein ablöschen und einkochen lassen. Den Rotwein angießen und ebenfalls einkochen lassen. Die Brühe aufkochen. So viel Brühe zum Reis geben, dass er gerade bedeckt ist, und bei schwacher Hitze unter häufigem Rühren vollständig einköcheln lassen. Erneut Brühe dazugießen und so weiterverfahren, bis der Venerisotto nach etwa 1 Stunde »al dente« ist.

2 Für die Rotbarben die Zwiebeln schälen und längs in Streifen schneiden. Den Zucker mit der Butter in einem Topf hell karamellisieren. Zwiebelstreifen und 2 Thymianzweige dazugeben, mit Fleur de Sel und Pfeffer würzen. Kurz schwenken, mit Rot- und Portwein ablöschen und die Zwiebeln weich garen. Die Zwiebeln in ein Sieb abießen, dabei den Sud in einem kleinen Topf auffangen. Den Sud sirupartig einkochen lassen und über die gegarten Zwiebeln gießen. Abkühlen lassen und fein hacken.

3 Den Backofen auf 75 °C vorheizen. Die Fische innen und außen waschen und trocken tupfen. Die Fischfilets bis zur Schwanzflosse auslösen und die Gräten entfernen. Die »Doppelfilets« mit dem Zwiebelconfit füllen und mit je 3 Schnittlauchhalmen zusammenbinden. Die Fische mit dem Olivenöl und dem restlichen Thymian in eine ofenfeste Form geben, im Ofen auf der mittleren Schiene 15 bis 20 Minuten garen.

4 Für den Mandelschaum die Mandelblättchen in einer beschichteten Pfanne ohne Fett anrösten. Die Schalotte schälen, in feine Würfel schneiden und in der Butter andünsten. Die Mandelblättchen dazugeben, mit beiden Weinsorten ablöschen und auf die Hälfte einkochen lassen. Brühe und Milch dazugeben und erneut auf die Hälfte einkochen lassen. Sahne angießen, nochmals aufkochen und die Sauce durch ein feines Sieb passieren. Mit Mandelöl und Fleur de Sel abschmecken.

5 Den Risotto mit restlicher Butter, Parmesan, Kräutern, Salz und Pfeffer abschmecken. Die Rotbarben mit Fleur de Sel und Pfeffer würzen, mit dem Risotto auf vorgewärmten Tellern anrichten. Die geschlagene Sahne unter den Mandelschaum mixen und um den Risotto gießen.

Mein Tipp

Venere-Reis ist ein schwarzer Reis, der ursprünglich aus China stammt, inzwischen aber auch im italienischen Piemont angebaut wird. Er hat eine wesentlich längere Garzeit als herkömmlicher Risottoreis (etwa 1 Stunde) und schmeckt leicht nussig.

Kabeljaufilet
mit Artischockengemüse

Zutaten für 4 Personen

Für das Artischockengemüse:

12 kleine violette Artischocken
Saft von 1 Zitrone
400 g kleine festkochende
Kartoffeln
2 junge Knoblauchzehen
2 EL Olivenöl
Fleur de Sel
Pfeffer aus der Mühle
50 ml trockener Weißwein
400 ml Hühnerbrühe
(Rezept siehe S. 34)
2 EL schwarze Oliven
(z. B. Taggiasca-Oliven;
entsteint)
1 EL Majoranblättchen

Für die Kabeljaufilets:

4 Kabeljaufilets
(à 150 g; küchenfertig,
mit Haut)
2–3 EL Olivenöl
4 Zweige Majoran
schwarzes Oliven-Fleur-de-Sel
(aus dem Feinkostladen)

1 Für das Artischockengemüse die Artischocken putzen, d.h. die äußeren Blätter abzupfen, die Blattspitzen abschneiden und den Stiel bis zum Artischockenboden schälen. Die Artischocken vierteln und das Heu vorsichtig entfernen. Die Artischockenviertel in eine Schüssel mit Zitronenwasser legen.

2 Die Kartoffeln schälen, waschen und längs vierteln. Den Knoblauch schälen und in feine Scheiben schneiden. Das Olivenöl in einer Pfanne erhitzen, die Artischocken- und Kartoffelviertel darin rundum anbraten. Mit Fleur de Sel und Pfeffer würzen. Den Knoblauch dazugeben, mit dem Wein ablöschen und einkochen lassen. Die Brühe hinzufügen und das Gemüse 15 bis 20 Minuten bissfest garen.

3 Für die Kabeljaufilets den Backofen auf 80 °C vorheizen. Die Fischfilets waschen und trocken tupfen. Das Olivenöl in einer ofenfesten Pfanne erhitzen. Die Kabeljaufilets darin auf der Fleischseite anbraten, dann wenden und auf der Hautseite ebenfalls kurz anbraten. Die grob zerkleinerten Majoranzweige dazugeben und die Fischfilets im Ofen auf der mittleren Schiene je nach Dicke 8 bis 15 Minuten fertig garen. Die Filets sollten im Kern noch glasig sein.

4 Die Oliven halbieren und mit dem Majoran zum Artischockengemüse geben. Das Gemüse nochmals mit Fleur de Sel und Pfeffer würzen. Das Artischockengemüse auf vorgewärmte tiefe Teller verteilen. Die Kabeljaufilets häuten, mit Oliven-Fleur-de-Sel würzen und auf dem Gemüse anrichten. Nach Belieben mit gerösteten Pinienkernen garnieren.

Mein Tipp

Garen bei Niedrigtemperatur im Ofen ist nicht nur für Fleisch, sondern auch für Fischfilets eine ideale Zubereitungsart. Das zarte Fischfleisch behält so sein Aroma, und man muss nicht befürchten, dass es (wie beim Braten in der Pfanne) zerfällt.

Fisch & Meeresfrüchte 95

Die Artischocken putzen, vierteln und das Heu vorsichtig mit einem spitzen Messer entfernen.

Die Hühnerbrühe zum Artischockengemüse geben und das Gemüse bissfest garen.

Die Fischfilets im Olivenöl auf beiden Seiten anbraten, Majoran dazugeben und im Ofen fertig garen.

Die Fischfilets sind optimal, wenn sie außen leicht gebräunt und innen noch glasig sind.

Gegrillter Schwertfisch mit Tomaten-Brot-Salat

Zutaten für 4 Personen

Für den Tomaten-Brot-Salat:

400 g Kirschtomaten
Salz · Pfeffer aus der Mühle
150 g Rucola
50 g Fenchelsalami
(Finocchiata; in dünnen
Scheiben)
16 Basilikumblätter
110 ml Olivenöl
16 dünne Scheiben Baguette
4 TL Aceto balsamico
25 g gehobelter Parmesan

**Für das Basilikumpesto
(ergibt ca. 300 ml):**

ca. 2 EL Pinienkerne
100 g Basilikumblätter
50 g Petersilienblätter
1 Knoblauchzehe
50 g geriebener Pecorino
150 ml Olivenöl

Für den Schwertfisch:

600 g Schwertfischfilet
(küchenfertig)
Olivenöl zum Beträufeln
Fleur de Sel
Pfeffer aus der Mühle

1 Für den Tomaten-Brot-Salat die Kirschtomaten waschen, halbieren und entkernen. Die Tomatenhälften in eine große Schüssel geben und mit Salz und Pfeffer würzen. Den Rucola verlesen, waschen und trocken schleudern, grobe Stiele entfernen. Die Salami in kleine Stücke zupfen, die Basilikumblätter waschen und trocken tupfen. In einer Pfanne 1 EL Olivenöl erhitzen und die Baguettescheiben darin auf beiden Seiten knusprig rösten. Die Baguettescheiben in große Stücke brechen.

2 Den Rucola, die Salami, das Basilikum und die Brotstücke zu den Tomaten geben. Das restliche Olivenöl und den Essig hinzufügen und alles gut mischen.

3 Für das Basilikumpesto die Pinienkerne in einer beschichteten Pfanne ohne Fett goldbraun rösten. Die Basilikum- und Petersilienblätter waschen und trocken schleudern. Den Knoblauch schälen und grob zerkleinern. Pinienkerne, Kräuter, Knoblauch und Pecorino mit dem Stabmixer oder im Mörser pürieren. Nach und nach das Olivenöl dazugeben und untermixen, bis eine feine Paste entsteht. Das Pesto nach Belieben mit Fleur de Sel und Pfeffer abschmecken.

4 Für den Schwertfisch das Fischfilet waschen, trocken tupfen und in 8 Scheiben schneiden. Mit Olivenöl beträufeln und in einer heißen Grillpfanne auf beiden Seiten 1 bis 2 Minuten braten. Mit Fleur de Sel und Pfeffer würzen.

5 Den Tomaten-Brot-Salat auf Teller verteilen und den gehobelten Parmesan darübergeben. Die Schwertfischfilets darauf anrichten und den Salat mit dem Basilikumpesto umträufeln.

Mein Tipp

Das restliche Basilikumpesto füllt man am besten in ein Schraubglas und bedeckt es mit Olivenöl. Im Kühlschrank hält es sich etwa 2 Wochen. Man kann es als Spaghettisauce verwenden, aber auch zum Würzen von Saucen, Suppen und Dressings.

Fisch & Meeresfrüchte

Kirschtomaten waschen, halbieren und entkernen. In eine Schüssel geben, salzen und pfeffern.

Tomaten, Rucola, Salami, Basilikum und geröstetes Brot mischen. Mit Olivenöl und Essig marinieren.

Das Schwertfischfilet waschen, trocken tupfen und in 8 Scheiben schneiden.

Die Fischfilets mit Olivenöl beträufeln und in einer heißen Grillpfanne auf beiden Seiten braten.

Fisch & Meeresfrüchte

Die Saiblinge am Rücken entlang aufschneiden und die Filets samt Haut auslösen.

Fischfilets in dem Thymian-Olivenöl langsam garen, dabei etwas Orangenschale darüberreiben.

Für die Salsa verde alle Zutaten verrühren. Mit Fleur de Sel, Pfeffer und Essig abschmecken.

Von den gegarten Saiblingsfilets die Haut mithilfe einer Gabel vorsichtig ablösen.

Saiblingsfilet mit Kartoffelsalat und Orangen-Salsa-verde

Zutaten für 4 Personen

Für den Kartoffelsalat:
400 g dünnschalige
festkochende Kartoffeln
1 EL ganzer Kümmel
grobes Meersalz
100 ml frisch gepresster
Orangensaft
4 Schalotten · 2 EL Olivenöl
1 EL Dijon-Senf
4 EL Aceto balsamico mit Apfel
100 ml Hühnerbrühe
(Rezept siehe S. 34)
Fleur de Sel
Pfeffer aus der Mühle

Für die Salsa verde:
1 eingelegtes Sardellenfilet
1 TL Kapern
(in Meersalz eingelegt)
je 4 EL Schnittlauchröllchen
und Petersilie (fein geschnitten)
abgeriebene Schale von
1 unbehandelten Orange
100 ml Olivenöl · Fleur de Sel
Pfeffer aus der Mühle
Aceto balsamico mit Apfel

Für die Saiblingsfilets:
2 Saiblinge (à ca. 1 kg;
küchenfertig, ohne Kopf)
¼ l Olivenöl · 3–4 Zweige
Thymian · 1 unbehandelte
Orange (gewaschen)

1 Für den Kartoffelsalat die Kartoffeln unter fließendem Wasser abbürsten und in einen Topf geben. Mit kaltem Wasser bedecken, mit Kümmel und grobem Meersalz zum Kochen bringen und bissfest garen. Abgießen, ausdampfen und etwas abkühlen lassen. Die Kartoffeln in Scheiben schneiden und in eine Schüssel geben.

2 Den Orangensaft auf die Hälfte einkochen lassen. Die Schalotten schälen und in feine Würfel schneiden. Das Olivenöl in einer Pfanne erhitzen und die Schalotten darin andünsten. Den Senf, den Essig, die Brühe und den Orangensaft dazugeben und alles leicht erhitzen. Das Dressing mit Fleur de Sel und Pfeffer abschmecken und über die Kartoffelscheiben gießen. Den Kartoffelsalat mit Frischhaltefolie zugedeckt mindestens 1 Stunde ziehen lassen.

3 Für die Salsa verde das Sardellenfilet und die Kapern fein hacken. Beides mit den Kräutern, der Orangenschale und dem Olivenöl verrühren. Kurz vor dem Servieren mit Fleur de Sel, Pfeffer und Essig abschmecken.

4 Für die Saiblingsfilets die Fische waschen, trocken tupfen und die Filets auslösen. Das Olivenöl in einer Pfanne auf etwa 45 °C erhitzen, den Thymian dazugeben und die Fischfilets hineinlegen. Etwas Orangenschale darüberreiben und die Filets langsam garen.

5 Die Saiblingsfilets aus der Pfanne nehmen und die Haut vorsichtig entfernen. Die Saiblingsfilets mit dem Kartoffelsalat auf vorgewärmten Tellern anrichten und mit Salsa verde beträufeln. Nach Belieben mit Brunnenkresse, Friséesalat und Saiblingskaviar garniert servieren.

> *Mein Tipp*
>
> *Sie können den Kartoffelsalat noch mit Rucola, Brunnenkresse oder schwarzen Oliven verfeinern. Er passt auch gut zu anderen gegarten oder gedämpften Fischfilets, wie z. B. Seeteufel, Kabeljau oder Lachsforelle.*

Fisch & Meeresfrüchte

Die Limette großzügig schälen, die Filets mit einem spitzen Messer aus den Trennhäuten schneiden.

Das Heilbuttfilet mit der aufgeschäumten Korianderbutter beträufeln.

Von dem Heilbuttfilet die Haut entfernen und das Filet von der Gräte lösen.

Romanesco und Blumenkohl putzen, waschen und in die einzelnen Röschen teilen.

Fisch & Meeresfrüchte   101

Heilbutt an der Gräte gebraten mit Romanesco und Koriandersauce

Zutaten für 4 Personen

Für die Koriandersauce:

1 Limette
2 EL Butter
1 EL Korianderkörner
4 EL dunkler Kalbsfond
400 ml Geflügelfond
100 g Sahne (davon 50 g geschlagen) · Salz
einige Spritzer Limettensaft
einige Tropfen alter
Aceto balsamico

Für den Heilbutt:

ca. 1 kg weißes Heilbuttfilet
(an der Gräte; mit Haut)
1 TL Korianderkörner
2 EL Olivenöl
3 EL Butter
2 Zweige Thymian
2 angedrückte Knoblauchzehen
je 180 g Romanesco
und Blumenkohl · Salz
Fleur de Sel
Pfeffer aus der Mühle
1 EL Petersilie
(fein geschnitten)

1 Für die Koriandersauce die Limette so großzügig schälen, dass auch die weiße Haut mit entfernt wird, und die Filets aus den Trennhäuten schneiden. Die Butter in einem Topf erhitzen und die Korianderkörner darin anrösten. Die Limettenfilets dazugeben und den Kalbs- und Geflügelfond angießen. Die Flüssigkeit auf zwei Drittel einkochen lassen, die flüssige Sahne dazugeben und aufkochen. Die Sauce mit dem Stabmixer aufschäumen und durch ein feines Sieb passieren. Mit Salz, Limettensaft und Essig abschmecken und warm halten.

2 Für den Heilbutt den Backofen auf 80 °C vorheizen. Den Fisch waschen und trocken tupfen. Die Korianderkörner im Mörser fein zerstoßen. Das Olivenöl in einer ofenfesten Pfanne erhitzen und das Fischfilet darin auf beiden Seiten anbraten. Das Bratfett abgießen, 2 EL Butter, den Koriander, die Thymianzweige und den Knoblauch dazugeben. Die Korianderbutter aufschäumen lassen und das Heilbuttfilet damit beträufeln. Dann den Fisch im Ofen auf der mittleren Schiene etwa 30 Minuten fertig garen – der Fisch ist gar, wenn sich das Fleisch leicht von der Gräte lösen lässt.

3 Inzwischen den Romanesco und den Blumenkohl putzen, waschen und in die einzelnen Röschen teilen. Romanesco- und Blumenkohlröschen getrennt in kochendem Salzwasser bissfest blanchieren. Abgießen, in gesalzenem Eiswasser abschrecken und abtropfen lassen. Die restliche Butter in einer Pfanne erhitzen und die Kohlröschen darin rundum anbraten. Mit Fleur de Sel und Pfeffer würzen und die Petersilie untermischen.

4 Die Koriandersauce nochmals aufkochen und die geschlagene Sahne untermixen. Das Gemüse auf vorgewärmte Teller verteilen. Die Haut von dem Heilbuttfilet entfernen, das Filet von der Gräte lösen, in 4 Portionen teilen und auf dem Gemüse anrichten. Mit der Koriandersauce beträufeln.

Mein Tipp

Weißer Heilbutt ist im Vergleich zu seinem weiter verbreiteten schwarzen Verwandten weniger fett und hat sehr schmackhaftes, feinfaseriges Fleisch. Für dieses Rezept können Sie ersatzweise Seelachs, Rotbarsch oder Kabeljau verwenden.

Gambas »Carabiniero« auf Couscous mit Chorizosauce

Zutaten für 4 Personen

Für die Chorizosauce und den Couscous:
2 Schalotten · 100 g Chorizo (span. Paprikawurst)
100 g Butter
2 Zweige Thymian
je 2 cl Weißwein und Noilly Prat (franz. Wermut)
300 ml Fischfond
je 1 rote und gelbe Paprikaschote
Olivenöl für das Blech
1 gestr. TL Raz-el-Hanout (marokkan. Gewürzmischung)
2 EL Olivenöl · 150 g Couscous
Fleur de Sel · 200 g junger Blattspinat · 1 Knoblauchzehe
frisch geriebene Muskatnuss

Für die Gambas:
12 Garnelen · 1 halbe Knoblauchknolle · 4 Zweige Thymian
2–3 EL Olivenöl · Fleur de Sel
Piment d'Espelette
(siehe Tipp S. 124)

1 Für die Chorizosauce die Schalotten schälen und in feine Würfel schneiden. Die Chorizo in kleine Würfel schneiden. In einem Topf 1 EL Butter erhitzen und die Schalottenwürfel darin andünsten. Den Thymian und die Chorizo dazugeben und rundum braten. Mit dem Wein und dem Noilly Prat ablöschen und einkochen lassen. Die Hälfte des Fonds dazugießen und etwa 15 Minuten köcheln lassen.

2 Inzwischen für den Couscous die Paprikaschoten längs vierteln, entkernen, waschen und trocken tupfen. Auf ein geöltes Backblech legen und, wie auf S. 15, Schritt 3 beschrieben, im Backofen grillen. Herausnehmen, mit einem feuchten Küchentuch bedecken und auskühlen lassen.

3 Den restlichen Fischfond mit Raz-el-Hanout und 1 EL Olivenöl zum Kochen bringen. Den Couscous einrühren und zugedeckt bei schwacher Hitze etwa 15 Minuten quellen lassen.

4 Die Chorizosauce durch ein Spitzsieb passieren und die restliche Butter mit dem Stabmixer unterschlagen. Die Sauce mit Fleur de Sel abschmecken und warm halten.

5 Die Paprikaviertel häuten, in Rauten schneiden und unter den Couscous mischen. Mit Fleur de Sel abschmecken. Den Spinat verlesen, waschen und trocken schleudern. Den Knoblauch schälen, in feine Würfel schneiden und mit dem Messerrücken zerdrücken. Den Spinat mit dem Knoblauch im restlichen Olivenöl in einer Pfanne zusammenfallen lassen. Mit Fleur de Sel und Muskatnuss würzen.

6 Für die Gambas die Garnelen bis auf das Schwanzstück schälen, am Rücken entlang einschneiden und den dunklen Darm entfernen. Die Garnelen waschen und trocken tupfen. Die Garnelen mit dem Knoblauch und dem Thymian in einer Pfanne im Olivenöl auf beiden Seiten braten. Mit Fleur de Sel und Piment d'Espelette würzen.

7 Den Couscous mit dem Spinat auf vorgewärmten Tellern anrichten. Die Garnelen am Schwanz fächerförmig aufklappen und auf den Couscous setzen. Die Chorizosauce nochmals erhitzen und um den Couscous träufeln.

Mein Tipp

In meinem Restaurant bereite ich dieses Gericht mit Gambas Carabiniero zu – besonders edlen Garnelen, die vor den Falklandinseln gefangen werden und recht hochpreisig sind. Aber natürlich funktioniert dieses Rezept auch mit jeder anderen Garnelenart.

Fisch & Meeresfrüchte   103

150 ml Fischfond zur angebratenen Chorizowurst in den Topf geben, 15 Minuten köcheln lassen.

Restlichen Fischfond mit Raz-el-Hanout und 1 EL Olivenöl erhitzen und den Couscous einrühren.

Die Garnelen mit Knoblauch und Thymian in einer Pfanne im Olivenöl auf beiden Seiten braten.

Die Garnelen am Schwanzstück fächerförmig aufklappen.

Fisch & Meeresfrüchte

Den Knoblauch schälen, in feine Würfel schneiden und mit dem Messerrücken zerdrücken.

Die Fischfilets waschen, trocken tupfen und in mundgerechte Stücke schneiden.

Fischstücke, Garnelen, Tintenfischringe und -arme sowie Muscheln im Kichererbsenmehl wenden.

Das Olivenöl auf 160 °C erhitzen. Die panierten Fische und Meeresfrüchte darin knusprig ausbacken.

Fritto misto mit Knoblauchmayonnaise

Zutaten für 4 Personen
Für die Knoblauchmayonnaise:
2 Knoblauchzehen
2 Eier
1 EL scharfer Senf
Fleur de Sel
etwas Zitronensaft
300 ml Rapsöl
5 EL Olivenöl

Für das Fritto misto:
20 Miesmuscheln
1 getrockneter Peperoncino
100 ml trockener Weißwein
200 g Calamaretti
(kleine Tintenfische)
4 Garnelen
200 g gemischte Fischfilets
(z. B. Wolfs- und Rotbarsch;
küchenfertig)
8 Sardinenfilets (küchenfertig)
Kichererbsenmehl
zum Panieren
Olivenöl zum Frittieren
Fleur de Sel

1 Für die Knoblauchmayonnaise den Knoblauch schälen, in feine Würfel schneiden und mit dem Messerrücken zerdrücken. Mit den Eiern, dem Senf, Fleur de Sel und etwas Zitronensaft in einen Rührbecher geben und mit dem Stabmixer verrühren. Die beiden Ölsorten erst tropfenweise, dann in dünnem Strahl dazugeben und untermixen. Die Mayonnaise nochmals mit Fleur de Sel und Zitronensaft abschmecken.

2 Für das Fritto misto die Miesmuscheln putzen. Den Peperoncino grob hacken und mit den Muscheln in einer Schüssel mischen. Die Muscheln unter fließendem kaltem Wasser waschen, dabei gegeneinanderreiben, um Kalk- und Sandablagerungen zu entfernen. Abgießen, abtropfen lassen und bereits geöffnete Exemplare aussortieren. Die Muscheln im Wein etwa 8 Minuten garen, bis sie vollständig geöffnet sind. In ein Sieb abgießen und nicht geöffnete Muscheln entfernen. Die Miesmuscheln aus der Schale lösen.

3 Die Calamaretti putzen. Dafür Kopf und Arme mit den Innereien aus dem Körperbeutel ziehen und das durchsichtige Fischbein entfernen. Den Kopf von den Tintenfischarmen abtrennen und darauf achten, dass dabei auch der harte »Schnabel« entfernt wird. Die dunkle Haut von den Körperbeuteln abziehen. Die Tintenfischbeutel und -arme unter fließendem kaltem Wasser waschen und trocken tupfen. Die Tintenfischbeutel in Ringe schneiden.

4 Die Garnelen schälen, am Rücken entlang einschneiden und den dunklen Darm entfernen. Die Garnelen waschen und trocken tupfen. Die Fischfilets waschen, trocken tupfen und in mundgerechte Stücke schneiden. Die Fischstücke, Garnelen, Tintenfischringe und -arme sowie die Muscheln im Kichererbsenmehl wenden.

5 Das Olivenöl in einem Topf auf 160 °C erhitzen und die panierten Fischstücke und Meeresfrüchte darin portionsweise knusprig ausbacken. Herausheben und auf Küchenpapier abtropfen lassen. Mit Fleur de Sel würzen und mit der Knoblauchmayonnaise servieren. Nach Belieben Baguette und einen gemischten Salat dazu reichen.

Mein Tipp

Früher galt die Regel, Muscheln nur in Monaten mit einem »r« im Namen zu verzehren. Heute sind viele Sorten fast ganzjährig im Handel und werden strengen Kontrollen unterzogen. Frische rohe Muscheln müssen geschlossen sein und sich erst beim Kochen öffnen.

Geflügel & Wild

»Geflügel und Wild bekommt man fast überall auf dem Land – und das meist in guter Qualität. Wild wächst in der freien Natur auf, besser kann Fleisch kaum schmecken. Auch bei meinen Wildrezepten gilt: Werden Sie selbst kreativ. Wenn Sie den typischen Wildgeschmack nicht mögen, dann verwenden Sie einfach ein anderes Stück Fleisch. Zu Geflügel muss man nicht viel sagen, denn kaum ein Fleisch ist bei uns beliebter.«

Getrüffeltes Perlhuhn in der Salzkruste

Zutaten für 4 Personen
Für das Perlhuhn:
1 großes Perlhuhn (ca. 1 1/2 kg, küchenfertig; ersatzweise 1 Maispoularde)
40 g Trüffel der Saison (ersatzweise eingelegte Trüffel)
40–50 g weiche Butter
je 2 Zweige Rosmarin und Thymian
2 Stiele Petersilie

Für die Salzkruste:
3 kg grobes Meersalz (z.B. Sel de Guerande)
4 EL Mehl
2 EL Speisestärke
6 Eier

1 Für das Perlhuhn das Huhn innen und außen waschen und mit Küchenpapier trocken tupfen. Die Trüffel vorsichtig mit einer Pilzbürste reinigen und auf dem Gemüse- oder Trüffelhobel in feine Scheiben schneiden. Die Haut des Perlhuhns über der Brust vorsichtig, vom Hals ausgehend, vom Fleisch lösen, die Trüffelscheiben und die Butter in Flocken darunterschieben. Das Perlhuhn mit den Kräutern füllen. Den Backofen auf 180 °C vorheizen.

2 Für die Salzkruste das Meersalz mit dem Mehl, der Speisestärke und den Eiern in der Küchenmaschine oder mit den Knethaken des Handrührgeräts zu einem Teig verrühren. Eine tiefe ofenfeste Pfanne oder einen Bräter mit Alufolie auslegen und einen Teil des Salzteigs daraufgeben. Das Perlhuhn daraufsetzen und mit dem restlichen Teig gleichmäßig bedecken. Das Perlhuhn im Ofen auf der mittleren Schiene 35 bis 45 Minuten garen.

3 Das Perlhuhn aus dem Ofen nehmen und mit einem Sägemesser rundum aufschneiden. Den Deckel abnehmen und das Perlhuhn tranchieren, dabei zuerst die Keulen, dann die Brustfilets auslösen. Als Beilage dazu passt getrüffelter Kräutersalat oder Schwarzwurzelgemüse (siehe Tipp).

Mein Tipp

Für das Gemüse 800 g Schwarzwurzeln gründlich waschen, schälen und in Stücke schneiden. Sofort in Milch einlegen, damit sie nicht verfärben. In 3 EL Butter rundum anbraten, etwas Hühnerbrühe angießen und das Gemüse bissfest garen. Salzen und pfeffern.

Geflügel & Wild 109

Die Trüffel vorsichtig reinigen und in feine Scheiben hobeln.

Das Perlhuhn in der mit Alufolie ausgelegten Pfanne gleichmäßig in den Salzteig einpacken.

Die Salzkruste rundum mit einem Sägemesser aufschneiden und den Deckel abnehmen.

Das getrüffelte Perlhuhn tranchieren, dabei zuerst die Keulen, dann die Brustfilets auslösen.

Glasierte Entenbrust mit Räucheraalbohnen

Zutaten für 4 Personen

Für die Entenbrüste:
4 weibliche Entenbrustfilets
Fleur de Sel
2 EL Olivenöl
1 EL Honig
4 EL alter Aceto balsamico
100 ml dunkle Entenjus
(siehe Tipp)
Pfeffer aus der Mühle

Für die Räucheraalbohnen:
100 g breite Bohnen
100 g Keniabohnen
100 g Zuckerschoten
100 g Saubohnenkerne
Salz · 1 Schalotte
4 Ofentomatenfilets
(Rezept siehe S. 50)
2 Zweige Bohnenkraut
100 g geräuchertes Aalfilet
2 EL Butter
Fleur de Sel
Pfeffer aus der Mühle

1 Für die Entenbrüste den Backofen auf 160°C vorheizen. Die Entenbrustfilets waschen und trocken tupfen. Die Haut der Entenbrustfilets mit einem scharfen Messer rautenförmig einschneiden und leicht mit Fleur de Sel würzen. Das Olivenöl in einer ofenfesten Pfanne erhitzen und die Entenbrustfilets darin zuerst auf der Hautseite anbraten. Dann wenden und auf der Fleischseite ebenfalls anbraten.

2 Den Honig mit 3 EL Essig verrühren und die Haut der Entenbrüste damit bestreichen. Die Entenbrustfilets im Ofen auf der mittleren Schiene 10 bis 20 Minuten rosa garen, dabei mehrmals mit der Honig-Balsamico-Mischung glasieren.

3 Für die Räucheraalbohnen die breiten Bohnen, die Keniabohnen und die Zuckerschoten putzen und waschen. Die Saubohnenkerne aus den Häutchen palen. Bohnen, Zuckerschoten und Saubohnenkerne nacheinander in kochendem Salzwasser bissfest blanchieren. Abgießen, in gesalzenem Eiswasser abschrecken und abtropfen lassen.

4 Die Schalotte schälen und in feine Würfel schneiden. Die Ofentomatenfilets in Streifen schneiden. Das Bohnenkraut waschen und trocken schütteln, die Blätter abzupfen und fein schneiden. Das Aalfilet in kleine Würfel schneiden.

5 Die Butter in einer Pfanne erhitzen und die Schalotte darin andünsten. Die verschiedenen Bohnensorten und die Zuckerschoten dazugeben und in der Butter schwenken. Die Tomatenstreifen, das Bohnenkraut und die Räucheraalwürfel hinzufügen, das Bohnengemüse mit Fleur de Sel und Pfeffer abschmecken.

6 Die Entenjus in einem kleinen Topf aufkochen und mit dem restlichen Essig abschmecken. Die glasierten Entenbrustfilets mit Fleur de Sel und Pfeffer würzen und in Scheiben schneiden. Die Räucheraalbohnen auf vorgewärmte Teller verteilen. Die Entenbrüste darauf anrichten und mit der Entenjus beträufeln.

Mein Tipp

Entenjus können Sie auf die gleiche Weise zubereiten, wie es auf S. 131 für Kalbsjus beschrieben wird. Die Kalbsknochen einfach durch Entenknochen ersetzen. Dasselbe gilt für Lammjus, nur sollten Sie dann roten Portwein und Rotwein statt Madeira verwenden.

Geflügel & Wild 111

Die Haut der Entenbrustfilets mit einem scharfen Messer rautenförmig einschneiden.

Für die Glasur den Honig mit dem alten Aceto balsamico verrühren.

Die Entenhaut nach dem Anbraten zum ersten Mal mit der Honig-Balsamico-Mischung bestreichen.

Die breiten Bohnen putzen, dabei die Enden mit einem kleinen Gemüsemesser abschneiden.

Geflügel & Wild

Entenkeulen kräftig mit Meersalz und Pfeffer würzen. Mit Kräutern und Knoblauch marinieren.

Die Entenkeulen mit dem Apfel, den Schalotten und dem Thymian im Schmalz köcheln lassen.

Gemüse und Graupen andünsten, mit Wein ablöschen und einköcheln lassen. Die Brühe angießen.

Wirsing in gesalzenem Eiswasser abschrecken, abtropfen lassen und klein schneiden.

Geflügel & Wild 113

Confierte Entenkeule
mit Graupenrisotto

Zutaten für 4 Personen
Für die Entenkeulen:

4 Entenkeulen
5 Zweige Thymian
4 Zweige Rosmarin
grobes Meersalz
1–2 EL schwarze Pfefferkörner
(leicht zerdrückt)
½ Knoblauchknolle
1½ kg Gänseschmalz
100 ml Mineralwasser
1 Apfel
4 Schalotten
Salz · Pfeffer aus der Mühle

Für den Graupenrisotto:

4 Schalotten
3 Möhren
1 l Hühnerbrühe
(Rezept siehe S. 34)
2 EL Butter
400 g Graupen
50 ml trockener Weißwein
1 Lorbeerblatt
4 Wirsingblätter
Salz · 1 EL Butter
2 EL geriebener Parmesan
Pfeffer aus der Mühle
1 EL Majoranblättchen

1   Am Vortag für die Entenkeulen das Fleisch waschen und trocken tupfen. Die Kräuterzweige waschen und trocken schütteln. 1 Thymianzweig beiseitelegen, die restlichen Zweige grob zerkleinern. Die Entenkeulen kräftig mit Meersalz und zerdrückten Pfefferkörnern würzen und in eine flache Schüssel geben. Den Knoblauch grob zerkleinern und mit den Kräuterzweigen dazugeben. Die Entenkeulen mit Alufolie bedeckt im Kühlschrank etwa 12 Stunden marinieren, dabei einmal wenden.

2   Am nächsten Tag das Gänseschmalz in einem Topf bei mittlerer Hitze schmelzen. Das Mineralwasser dazugeben. Den Apfel waschen und vierteln. Die Schalotten schälen und halbieren. Beides mit den Entenkeulen und dem beiseitegelegten Thymianzweig in den Topf geben und etwa 2 Stunden leicht köcheln lassen.

3   Inzwischen für den Graupenrisotto die Schalotten schälen und in feine Würfel schneiden. Die Möhren putzen, schälen und in kleine Würfel schneiden. Die Brühe zum Kochen bringen. Die Butter in einem Topf erhitzen, die Schalotten, Möhren und Graupen darin andünsten. Mit dem Wein ablöschen und fast vollständig einköcheln lassen. Das Lorbeerblatt hinzufügen und mit dem Schöpflöffel so viel heiße Brühe zu den Graupen geben, dass diese gerade bedeckt sind. Bei schwacher Hitze offen unter ständigem Rühren köcheln lassen, bis die Graupen die Flüssigkeit vollständig aufgenommen haben. Erneut etwas Brühe dazugießen und so weiterverfahren, bis die Graupen nach 20 bis 30 Minuten »al dente« sind.

4   Die Wirsingblätter putzen, waschen und den weißen Strunk entfernen. Die Blätter in kochendem Salzwasser bissfest blanchieren. In gesalzenem Eiswasser abschrecken, abtropfen lassen und in 2 cm große Stücke schneiden. Den Wirsing, die Butter und den Parmesan unter den Risotto mischen. Den Graupenrisotto mit Salz, Pfeffer und Majoran abschmecken und warm halten.

5   Den Backofengrill einschalten. Die Entenkeulen mit der Schaumkelle aus dem Schmalz nehmen und unter dem Grill 3 bis 4 Minuten kross braten. Mit Salz und Pfeffer würzen und mit dem Risotto anrichten.

Mein *Tipp*

Das Garen von Fleisch im eigenen Fett (»Confieren«) ist eigentlich eine alte französische Methode, um z. B. Enten-, Gänse- oder Schweinefleisch haltbar zu machen. In der modernen Küche wird sie als sanfte Schmormethode angewandt.

Winterliches Maronenhuhn mit Kräuterfüllung

Zutaten für 4 Personen

1 Hähnchen (Bio-Qualität;
ca. 1 1/2 kg, küchenfertig)
Fleur de Sel
Pfeffer aus der Mühle
4 Stiele Petersilie
je 4 Zweige Rosmarin
und Thymian
2 junge Knoblauchknollen
200 g Maronen (vorgegart
und vakuumverpackt)
1 Schalotte
100 g weiche Butter
2 EL Walnussöl
1/2 l Hühnerbrühe
(Rezept siehe S. 34)

1 Das Hähnchen innen und außen waschen und trocken tupfen. Die Flügelspitzen abtrennen. Die Haut über der Brust vorsichtig, vom Hals ausgehend, vom Fleisch lösen. Die Haut an den Keulen ebenfalls etwas lösen. Das Hähnchen innen kräftig mit Fleur de Sel und Pfeffer würzen.

2 Die Kräuter waschen und trocken schütteln. 1 Petersilienstiel und je 1 Rosmarin- und Thymianzweig beiseitelegen. Die Knoblauchknollen quer halbieren. Das Hähnchen mit den restlichen Kräutern und dem Knoblauch füllen.

3 Den Backofen auf 200°C vorheizen. Das Ofengitter auf die mittlere Schiene und darunter ein Abtropfblech schieben. Die Maronen fein hacken und in einer beschichteten Pfanne ohne Fett anrösten. Die Schalotte schälen und in feine Würfel schneiden.

4 Von den beiseitegelegten Kräutern die Blätter bzw. Nadeln abzupfen und fein schneiden. Die weiche Butter mit dem Öl und den Kräutern verrühren, die gehackten Maronen und die Schalottenwürfel untermischen. Mit Fleur de Sel und Pfeffer abschmecken. Die Maronenbutter vorsichtig portionsweise unter die Haut von Brust und Keulen schieben.

5 Die Brühe in das Abtropfblech füllen und das Hähnchen auf das Ofengitter setzen. Im Ofen etwa 30 Minuten garen, zwischendurch immer wieder mit der Brühe übergießen. Sollte das Hähnchen nach 30 Minuten noch nicht kross sein, den Backofengrill einschalten und das Hähnchen einige Minuten nachbräunen.

6 Den Bratenfond durch ein Spitzsieb in einen Topf passieren, eventuell noch etwas einkochen lassen und mit Fleur de Sel und Pfeffer abschmecken. Das Maronenhähnchen tranchieren und mit der Sauce servieren. Als Beilage dazu passen Rosmarinkartoffeln oder Polenta.

Mein Tipp

Durch das »Unterfüttern« der Haut mit der Maronenbutter bekommt das Hähnchen ein wunderbares Aroma und bleibt saftig und zart. Sie können die Maronen natürlich auch selbst im Backofen rösten und schälen (siehe Rezept S. 42, Schritt 1).

Geflügel & Wild   115

Die Flügelspitzen von dem Hähnchen abtrennen.

Die Butter, das Walnussöl und die Kräuter verrühren, geröstete Maronen und Schalotte untermischen.

Die Maronenbutter unter der Haut von Brust und Keulen verteilen.

Das gebratene Maronenhähnchen zum Servieren mit einem scharfen Messer tranchieren.

Geflügel & Wild

Sauerkraut mit Wein, Säften und Gewürzsäckchen zum karamellisierten Honig in den Topf geben.

Die Brustfilets zwischen zwei Lagen Frischhaltefolie mit einem Stieltopf leicht flach klopfen.

Schalotten, Knoblauch und Speck in der Butter braten. Mit Salz, Pfeffer und Thymian würzen.

Die gefüllten Fasanenbrustfilets aufrollen und in jeweils 5 Speckscheiben einwickeln.

Geflügel & Wild

Involtini vom Fasan
mit weißem Pfefferkraut

Zutaten für 4 Personen
Für das Pfefferkraut:

400 g frisches Sauerkraut
2 Schalotten
2 EL Gänseschmalz
2 EL Kastanienhonig
1 Gewürznelke · 2 Lorbeerblätter · 5 Pimentkörner
1 TL weiße Pfefferkörner
je 50 ml trockener Weißwein,
Apfel- und Orangensaft
Salz · weißer Pfeffer aus
der Mühle

Für die Involtini:

4 Fasanenbrustfilets
4 Schalotten · 2 Knoblauchzehen · 4 Zweige Thymian
28 dünne Scheiben Tiroler
Speck · 2 EL Butter
Salz · Pfeffer aus der Mühle
2–3 EL Olivenöl

Für die Pfeffersauce:

2 EL Butter
1 Schalotte (in feinen Würfeln)
2 EL weiße Pfefferkörner
(zerstoßen)
2 cl Cognac
100 ml trockener Weißwein
200 ml Geflügelfond
50 g Sahne · Salz
2 EL geschlagene Sahne

1 Für das Pfefferkraut das Sauerkraut kurz abbrausen und auf einem Sieb abtropfen lassen. Die Schalotten schälen und in feine Würfel schneiden. Das Schmalz in einem Topf erhitzen und die Schalottenwürfel darin andünsten. Den Honig dazugeben und leicht karamellisieren. Die Gewürze in ein Gewürzsäckchen füllen. Sauerkraut, Wein, Säfte und Gewürzsäckchen in den Topf geben. Das Kraut aufkochen und bei mittlerer Hitze etwa 3 Stunden köcheln lassen.

2 Für die Involtini den Backofen auf 160 °C vorheizen. Die Fasanenbrustfilets waschen und trocken tupfen. Zwischen zwei Lagen Frischhaltefolie mit dem Boden eines Stieltopfs leicht flach klopfen. Die Schalotten und den Knoblauch schälen und in feine Würfel schneiden. Den Thymian waschen und trocken schütteln, von 1 Zweig die Blättchen zupfen, restliche Zweige beiseitelegen. Acht Scheiben Speck in kleine Würfel schneiden. Die Butter in einer Pfanne erhitzen, Schalotten-, Knoblauch- und Speckwürfel darin etwa 3 Minuten braten. Mit Salz, Pfeffer und Thymianblättchen abschmecken.

3 Die Fasanenbrüste mit Salz und Pfeffer würzen und die Speckfüllung gleichmäßig darauf verteilen. Die Fasanenbrüste von der spitzen Seite her aufrollen. Je 5 Speckscheiben überlappend nebeneinanderlegen und die Involtini einzeln darin einwickeln, die überstehenden Speckenden abschneiden. Die Involtini in einer Pfanne im Olivenöl mit dem restlichen Thymian rundum anbraten. Im Ofen auf der mittleren Schiene 5 bis 10 Minuten fertig garen. Herausnehmen und kurz ruhen lassen.

4 Inzwischen für die Pfeffersauce die Butter in einem Topf erhitzen, die Schalottenwürfel und Pfefferkörner darin andünsten. Mit Cognac und Wein ablöschen und einkochen lassen. Den Fond und die Sahne dazugießen. Nochmals einkochen lassen, mit Salz würzen und durch ein feines Sieb passieren. Die geschlagene Sahne untermixen.

5 Das Gewürzsäckchen aus dem Kraut nehmen und das Pfefferkraut mit Salz und weißem Pfeffer abschmecken. Die Involtini schräg halbieren. Das Pfefferkraut auf vorgewärmte Teller verteilen, die Involtini darauf anrichten und mit der Pfeffersauce beträufeln.

Mein Tipp

Dazu passen knusprige Thymiankartoffelwürfel: Dafür 500 bis 600 g Kartoffeln schälen, waschen und in kleine Würfel schneiden. In Salzwasser kurz blanchieren, abgießen und mit 1 bis 2 TL Thymianblättchen in Gänseschmalz oder Olivenöl rundum knusprig braten.

Geflügel & Wild

»Polettini« al vino rosso mit Pfifferling-Bohnen-Gemüse

Zutaten für 4 Personen

Für die Stubenküken:

2–4 ausgelöste Maisstuben-
küken (jeweils Brustfilets
und Keulen)
Salz · 2 EL Olivenöl
2 Möhren
½ kleiner Knollensellerie
1 Bund Frühlingszwiebeln
6 Schalotten
je 2 Zweige Thymian
und Rosmarin
6 angedrückte Knoblauchzehen
ca. ½ TL Rotweingewürz
»Merlot«
400 ml trockener Rotwein
200 ml roter Portwein
100 ml dunkler Geflügelfond
Pfeffer aus der Mühle
25 g kalte Butter

**Für das Pfifferling-Bohnen-
Gemüse:**

250 g kleine Pfifferlinge
250 g Brechbohnen · Salz
4 dicke Scheiben Tiroler Speck
1 Schalotte · 2 EL Butter
Pfeffer aus der Mühle
1 EL Bohnenkraut
(fein geschnitten)
4 EL Weißbrotcroûtons

1 Für die Stubenküken die Brustfilets und Keulen waschen, trocken tupfen und mit Salz würzen. Das Olivenöl in einem Topf erhitzen und das Fleisch darin bei mittlerer Hitze rundum goldgelb anbraten.

2 Die Möhren und den Sellerie putzen, schälen und in grobe Würfel schneiden. Die Frühlingszwiebeln putzen, waschen und in Stücke schneiden. Die Schalotten schälen. Das Gemüse, den Knoblauch, die Kräuter und das Rotweingewürz dazugeben und kurz mitbraten. Mit Rot- und Portwein ablöschen und einkochen lassen. Den Fond dazugießen und das Fleisch bei mittlerer Hitze 15 bis 20 Minuten weich garen.

3 Dann die gegarten Brustfilets und Keulen mit einer Fleischgabel herausnehmen, in Alufolie wickeln und warm halten. Den Fond mit dem Schmorgemüse durch ein Spitzsieb passieren und bis zur gewünschten Konsistenz einkochen lassen. Mit Salz und Pfeffer abschmecken. Zum Schluss die kalte Butter unterrühren. Die Brüste und Keulen wieder in die Sauce geben und warm halten.

4 Für das Gemüse die Pfifferlinge vorsichtig putzen und trocken abreiben – nur bei Bedarf kurz abrausen und auf Küchenpapier abtropfen lassen. Die Brechbohnen putzen, waschen und in kochendem Salzwasser bissfest blanchieren. In ein Sieb abgießen, in gesalzenem Eiswasser abschrecken und abtropfen lassen.

5 Den Tiroler Speck in Würfel schneiden, in einer Pfanne knusprig braten und auf Küchenpapier abtropfen lassen. Die Schalotte schälen und in feine Würfel schneiden. Die Butter in derselben Pfanne erhitzen und die Schalottenwürfel darin andünsten. Die Pfifferlinge und Bohnen dazugeben, durchschwenken und das Gemüse mit Salz, Pfeffer und Bohnenkraut abschmecken.

6 Das Pfifferling-Bohnen-Gemüse auf vorgewärmten Tellern anrichten, die Brustfilets und Keulen daraufsetzen und mit der Sauce umträufeln. Die gerösteten Brot- und Speckwürfel darauf verteilen und nach Belieben mit Bohnenkrautspitzen garnieren.

Mein Tipp

Maisgeflügel wie Maishähnchen, -poularde oder -stubenküken wird im Unterschied zu herkömmlichem Geflügel vor allem mit Mais gefüttert. Das Geflügelfleisch bekommt dadurch eine schöne Gelbfärbung und einen feineren Geschmack.

Geflügel & Wild 119

Die gegarten Brüste und Keulen mit der Fleischgabel aus dem Schmorsud nehmen.

Den Schmorsud mit dem Gemüse durch ein Spitzsieb in einen weiteren Topf passieren.

Die Schmorsauce auf die gewünschte Konsistenz einköcheln lassen.

Zum Schluss die kalte Butter unterrühren, um die Sauce zu binden.

Wildschweinragout mit Haselnuss-Spätzle

Zutaten für 4 Personen

Für das Wildschweinragout:

1 kg Wildschweinkeule
(ohne Knochen)
8 Wacholderbeeren
8 Pimentkörner
2 Gewürznelken
2 Lorbeerblätter
je 300 ml trockener Rotwein
und roter Portwein
2 rote Zwiebeln · 2 Möhren
2 Stangen Staudensellerie
100 g kleine Champignons
4 EL Olivenöl
1 EL Tomatenmark
2 EL Gewürzmischung
»Wild im Poletto«
1 EL Mehl · 200 ml Wildfond
Salz · Pfeffer aus der Mühle
4 EL Schnittlauchröllchen

Für die Haselnuss-Spätzle:

250 g Mehl
100 g gerösteter Haselnussgrieß
(ersatzweise geröstete,
gemahlene Haselnüsse)
2 Eier · 6 Eigelb
Salz · 2 EL Butter
Pfeffer aus der Mühle

1 Am Vortag für das Wildschweinragout das Fleisch in mundgerechte Würfel schneiden. Die Gewürze in ein Gewürzsäckchen füllen. Die Fleischwürfel mit dem Gewürzsäckchen in eine Schüssel geben, die beiden Weinsorten dazugießen und das Fleisch zugedeckt im Kühlschrank 24 Stunden marinieren.

2 Am nächsten Tag die Zwiebeln schälen und in Spalten schneiden. Die Möhren und den Sellerie putzen und schälen bzw. waschen und in kleine Würfel schneiden. Die Champignons putzen und trocken abreiben. Das Wildfleisch auf einem Sieb abtropfen lassen, dabei die Marinade auffangen. Das Gewürzsäckchen beiseitelegen.

3 Den Backofen auf 160°C vorheizen. Das Olivenöl in einem Bräter erhitzen. Das Fleisch trocken tupfen und im Olivenöl rundum scharf anbraten. Das Gemüse, das Tomatenmark und die Gewürzmischung dazugeben und kurz mitbraten. Mit dem Mehl bestäuben, mit der Marinade ablöschen und aufkochen lassen. Den Fond hinzufügen und nochmals aufkochen. Das Gewürzsäckchen dazugeben und das Ragout im Ofen auf der mittleren Schiene 45 bis 60 Minuten weich schmoren. Das Gewürzsäckchen aus dem Bräter nehmen und das Ragout mit Salz und Pfeffer abschmecken.

4 Für die Haselnuss-Spätzle das Mehl mit 1/8 l Wasser, dem Haselnussgrieß, den Eiern, den Eigelben und Salz zu einem glatten Teig verarbeiten. Den Teig mit dem Kochlöffel so lange schlagen, bis er Blasen wirft. Reichlich Salzwasser zum Kochen bringen. Den Teig portionsweise mit einer Palette oder einem Spätzleschaber dünn auf ein feuchtes Holzbrett streichen und in das Salzwasser schaben. Die Spätzle mit dem Schaumlöffel herausnehmen, sobald sie nach oben steigen, und zum Abschrecken in eine Schüssel mit kaltem Wasser geben. Die Butter in einer Pfanne erhitzen und die abgetropften Spätzle darin goldgelb braten. Mit Salz und Pfeffer abschmecken.

5 Das Wildschweinragout mit den Haselnuss-Spätzle auf vorgewärmten Tellern anrichten und mit den Schnittlauchröllchen bestreuen.

Mein Tipp

Gewürzsäckchen sind sehr praktisch, wenn man mehrere ganze Gewürze mitgaren und später wieder entfernen möchte. Am besten eignen sich dafür Tee-Eier oder Einwegteebeutel, die man mit einer Klammer verschließt.

Geflügel & Wild

Die Wildschweinkeule mit einem scharfen Messer in mundgerechte Würfel schneiden.

Wildfleisch und Gemüse mit der Marinade ablöschen und einkochen lassen. Den Fond angießen.

Den Spätzleteig mit dem Kochlöffel so lange schlagen, bis er glatt ist und Blasen wirft.

Den Spätzleteig portionsweise von einem Holzbrett in das kochende Salzwasser schaben.

Geflügel & Wild

Den Hirschkalbsrücken mit einem spitzen Messer vom Knochen lösen.

Das Fleisch in der Gemüse-Rotwein-Marinade 2 Tage ziehen lassen, dabei mehrmals wenden.

Den Fond erhitzen, die Polenta einrühren und etwa 30 Minuten köcheln lassen.

Die Maronen in einer Pfanne ohne Fett mit Rosmarin rösten und in kleine Stücke hacken.

Geflügel & Wild 123

Brasato rosa vom Hirschkalbsrücken mit Maronenpolenta

Zutaten für 4 Personen
Für den Hirschkalbsrücken und die Sauce:

1 Bund Suppengemüse
je 2 rote Zwiebeln und
Knoblauchzehen
je ½ TL Wacholderbeeren,
Piment- und schwarze Pfefferkörner (grob zerstoßen)
2 Lorbeerblätter
2 Zweige Rosmarin
4 Zweige Thymian
½ l trockener Rotwein
100 ml roter Portwein
50 ml Aceto balsamico
1½ kg Hirschkalbsrücken
(mit Knochen) · Salz
1 EL Olivenöl
2 Schalotten · 1 EL Butter
160 ml Wildfond
1 TL kalte Butter
Fleur de Sel
Pfeffer aus der Mühle

Für die Maronenpolenta:

ca. 1 l Geflügelfond
150 g Polenta
75 g Maronen (vorgegart
und vakuumverpackt)
1 Zweig Rosmarin
50 g geriebener Parmesan
2 TL Butter
Fleur de Sel
Pfeffer aus der Mühle

1 Für den Hirschkalbsrücken 2 Tage im Voraus das Suppengemüse putzen, waschen bzw. schälen und in kleine Würfel schneiden. Die Zwiebeln und den Knoblauch schälen und in feine Würfel schneiden. Die Gemüsewürfel mit den Gewürzen, je 2 Zweigen Rosmarin und Thymian, beiden Weinsorten und dem Essig in einen Bräter geben. Den Hirschkalbsrücken vom Knochen lösen, von Fett und Sehnen befreien, mit Küchengarn in Form binden und in die Marinade legen. Das Fleisch 2 Tage marinieren, dabei mehrmals wenden.

2 Am Zubereitungstag das Fleisch aus der Marinade nehmen, trocken tupfen und mit Salz würzen. Das Olivenöl in einer Pfanne erhitzen und den Hirschrücken darin rundum anbraten. Den Backofen auf 120 °C vorheizen. Die Marinade durch ein feines Sieb in einen flachen Topf passieren, aufkochen und auf zwei Drittel einkochen. Das Fleisch wieder dazugeben und im Ofen auf der mittleren Schiene zugedeckt 30 bis 45 Minuten gar ziehen lassen. Die Ofentemperatur auf 70 °C reduzieren.

3 Für die Sauce den Hirschkalbsrücken aus dem Bratenfond nehmen und in Folie gewickelt im Ofen warm halten. Die Schalotten schälen und in feine Würfel schneiden. Die Butter in einer Pfanne erhitzen und die Schalottenwürfel darin andünsten. Die restlichen Thymianzweige dazugeben, mit 100 ml Bratenfond ablöschen und sirupartig einkochen lassen. Den Wildfond dazugießen und die Sauce nochmals bis zur gewünschten Konsistenz einkochen lassen. Die kalte Butter unterrühren, die Sauce durch ein Sieb passieren und warm halten.

4 Für die Maronenpolenta den Fond zum Kochen bringen. Die Polenta einrühren und bei mittlerer Hitze etwa 30 Minuten köcheln lassen. Inzwischen die Maronen in einer Pfanne ohne Fett mit dem Rosmarin leicht anrösten. Etwas abkühlen lassen, klein hacken und mit dem Parmesan und der Butter unter die Polenta mischen. Die Maronenpolenta mit Fleur de Sel und Pfeffer abschmecken. Den Hirschrücken mit Fleur de Sel und Pfeffer würzen, in Scheiben schneiden und mit der Polenta auf Tellern anrichten. Die Sauce dazu reichen, nach Belieben mit Rotweinzwiebeln (siehe Tipp) und gebratenen Steinpilzen servieren.

Mein Tipp

Für Rotweinzwiebeln 20 geschälte Perlzwiebeln, wie im Rezept auf S. 138 beschrieben, garen. Das Brasato-Rezept lässt sich mit jedem dunklen Fleisch zubereiten. Probieren Sie es auch einmal mit Rind-, Wildschwein- oder Rehfleisch.

Geflügel & Wild

Geschmorte Kaninchenkeulen
mit Chorizo, Paprika und Kartoffeln

Zutaten für 4 Personen

4 Kaninchenkeulen
Fleur de Sel
Piment d'Espelette
(siehe Tipp)
600 g kleine festkochende
Kartoffeln
je 2 rote und gelbe
Paprikaschoten
4 rote Zwiebeln
5 EL Olivenöl
100 ml trockener Weißwein
50 ml Noilly Prat
(franz. Wermut)
1/2 l Hühnerbrühe
(Rezept siehe S. 34)
100 g Chorizo
(span. Paprikawurst)
4 Stiele Basilikum
2 EL eingelegte Kapernäpfel

1 Die Knochen der Kaninchenkeulen mit einem spitzen Messer säubern. Die Kaninchenkeulen waschen, trocken tupfen und mit Fleur de Sel und Piment d'Espelette würzen. Die Kartoffeln schälen, waschen und längs halbieren. Die Paprikaschoten längs vierteln, entkernen und waschen. Die Paprikaviertel mit dem Sparschäler schälen und in Spalten schneiden. Die Zwiebeln schälen und in feine Streifen schneiden.

2 Den Backofen auf 160 °C vorheizen. In einem Bräter 4 EL Olivenöl erhitzen und die Kaninchenkeulen darin rundum anbraten. Die Kartoffeln und das Gemüse dazugeben, leicht mit Fleur de Sel würzen und etwa 10 Minuten mitbraten.

3 Mit dem Wein und dem Noilly Prat ablöschen, einkochen lassen und die Brühe dazugeben. Die Kaninchenkeulen im Ofen auf der mittleren Schiene zugedeckt 45 bis 60 Minuten fertig garen.

4 Kurz vor Ende der Garzeit die Chorizo in Scheiben schneiden. Das restliche Olivenöl in einer Pfanne erhitzen und die Wurstscheiben darin auf beiden Seiten kross braten. Das Basilikum waschen und trocken schütteln, die Blätter abzupfen und in feine Streifen schneiden.

5 Den Bräter aus dem Ofen nehmen, Kaninchenkeulen, Kartoffeln und Gemüse mit Fleur de Sel und Piment d'Espelette abschmecken. Die Kaninchenkeulen mit Kartoffeln und Gemüse auf vorgewärmten Tellern anrichten. Mit den Chorizoscheiben, den Kapernäpfeln und dem Basilikum garniert servieren.

Mein Tipp

Durch das Schälen wird die Paprika leichter bekömmlich und liegt nicht so schwer im Magen. Piment d'Espelette ist eine Chilisorte, die nur rund um den französischen Ort Espelette angebaut wird. Die Schoten werden zu einem milden, orangeroten Pulver zermahlen.

Geflügel & Wild 125

Die Knochen der Kaninchenkeulen mit einem spitzen Messer säubern.

Die Paprika vierteln, entkernen und waschen. Die Paprikaviertel mit dem Sparschäler schälen.

Die Chorizo in Scheiben schneiden und in einer Pfanne im Olivenöl auf beiden Seiten kross braten.

Basilikum waschen und trocken schütteln, die Blätter abzupfen und in feine Streifen schneiden.

Geflügel & Wild

Die Kaninchenrücken von Fett und Sehnen befreien, dabei die Nierchen entfernen.

Die Kaninchenrücken jeweils in 4 Stücke schneiden.

Den Bauchlappen von den Rippenknochen ziehen.

Das überschüssige Bauchlappenfleisch abschneiden und entsorgen.

Geflügel & Wild 127

Kaninchen-Tajine mit grünen Oliven

Zutaten für 4 Personen

4 rote Zwiebeln
4 Knoblauchzehen
2 cm Ingwer
4 Kaninchenrücken
(insgesamt 1 1/2 – 2 kg;
am Knochen)
2 EL Olivenöl
Salz · Pfeffer aus der Mühle
12 Safranfäden
1 l Hühnerbrühe
(Rezept siehe S. 34)
50 ml dunkler Geflügelfond
4 EL Pinienkerne
2 Lorbeerblätter
20 grüne Oliven (entsteint)
2 EL Rosinen
2 Salzzitronen
(Rezept siehe S. 55)

1 Die Zwiebeln, den Knoblauch und den Ingwer schälen und in feine Würfel schneiden. Die Kaninchenrücken putzen, d. h. von Fett und Sehnen befreien, dabei die Nierchen vorsichtig entfernen. Die Rücken jeweils in 4 Stücke schneiden und den Bauchlappen von den Rippenknochen ziehen. Das überschüssige Bauchlappenfleisch abschneiden und entsorgen.

2 Eine Tajine (siehe Tipp; ersatzweise einen Schmortopf) bei schwacher Hitze erwärmen. Das Olivenöl in der Tajine erhitzen und die Kaninchenstücke darin rundum anbraten. Mit Salz und Pfeffer würzen.

3 Die Zwiebeln, den Knoblauch, den Ingwer und die Safranfäden dazugeben und kurz mitbraten. Mit etwas Brühe und dem Fond ablöschen.

4 Die Pinienkerne in einer beschichteten Pfanne ohne Fett goldgelb rösten. Mit den Lorbeerblättern, den Oliven und den Rosinen zum Fleisch geben. Alles bei schwacher Hitze 30 bis 45 Minuten schmoren lassen, dabei immer wieder etwas Brühe angießen. Mithilfe einer Fleischgabel prüfen, ob das Kaninchenfleisch weich ist. Nochmals mit Salz und Pfeffer abschmecken.

5 Die Salzzitronen in Achtel schneiden, dazugeben und erwärmen. Die Kaninchen-Tajine auf vorgewärmten Tellern anrichten. Als Beilage dazu passt Couscous oder italienisches Weißbrot.

Mein Tipp

Traditionell wird eine Tajine in dem gleichnamigen marokkanischen Kochgeschirr zubereitet. Die Form mit flacher Platte und kegelförmigem Deckel besteht meist aus gebranntem Lehm oder Ton. Sie bekommen sie in nordafrikanischen Lebensmittelläden.

Fleisch

»Für die meisten gehört ein Stück Fleisch noch immer zu einem guten Essen dazu. Für mich dagegen muss Fleisch nicht jeden Tag sein. Ganz wichtig ist die Qualität! Kaufen Sie Ihr Fleisch nicht im Supermarkt, suchen Sie sich einen Schlachter oder Metzger, dem Sie vertrauen. Mein Tipp: Verzichten Sie lieber öfter mal auf Fleisch und gönnen sich dafür beim nächsten Mal ein besseres Stück. Sie werden den Unterschied schmecken!«

Fleisch

Den Knollensellerie putzen, schälen und in kleine Würfel schneiden.

Den Spitzkohl waschen, vierteln und in die einzelnen Blätter teilen, dabei den Strunk herausschneiden.

Den Tafelspitz in einer Pfanne im Olivenöl rundum anbraten. Butter, Salbei und Knoblauch dazugeben.

Den Tafelspitz aus dem Ofen nehmen und in dünne Scheiben schneiden.

Langsam gegarter Kalbstafelspitz mit geschmortem Spitzkohl

Zutaten für 4 Personen

Für die Kalbsjus:

1 kg gehackte Kalbsknochen
4 Schalotten
100 g Knollensellerie
1 Möhre · 1 Stange Lauch
1 Tomate · 2 EL Olivenöl
2 Knoblauchzehen (geschält)
1 EL Tomatenmark
1 Lorbeerblatt
je 2 Zweige Rosmarin
und Thymian
1 TL weiße Pfefferkörner
je 100 ml trockener Weißwein,
weißer Portwein und Madeira

Für den Tafelspitz:

ca. 800 g Kalbstafelspitz
Salz · Pfeffer aus der Mühle
2 EL Olivenöl
50 g Butter
1–2 Zweige Salbei
5 angedrückte Knoblauchzehen
200 g junges Gemüse
(z. B. kleine Möhren
und Knollensellerie)
1 junger Spitzkohl
1 EL Butter
10 Salbeiblätter
(in feinen Streifen)
frisch geriebener Meerrettich

1 Für die Kalbsjus den Backofen auf 180 °C vorheizen. Die Knochen waschen, trocken reiben und auf einem Backblech im Ofen auf der mittleren Schiene etwa 1 Stunde rösten. Inzwischen die Schalotten schälen, den Sellerie und die Möhre putzen und schälen, den Lauch putzen und waschen. Die Tomate waschen und vierteln, dabei den Stielansatz entfernen. Das Gemüse in kleine Würfel schneiden.

2 Das Olivenöl in einem großen Topf erhitzen, die Schalotten- und Gemüsewürfel darin andünsten. Den Knoblauch in feine Würfel schneiden und mit dem Messerrücken zerdrücken. Mit Tomatenmark, Lorbeerblatt, Kräuterzweigen und Pfefferkörnern dazugeben und kurz anrösten. Nach und nach mit Weiß- und Portwein sowie Madeira ablöschen und die Flüssigkeit fast vollständig einkochen lassen. Die Knochen dazugeben, 2 l kaltes Wasser angießen und aufkochen, dabei den aufsteigenden Schaum abschöpfen. Die Jus bei schwacher Hitze 3 bis 4 Stunden köcheln lassen. Die Kalbsjus durch ein feines Sieb gießen, nochmals aufkochen und gegebenenfalls mit Salz würzen. Für den Tafelspitz 100 ml Kalbsjus abmessen, die restliche Jus anderweitig verwenden.

3 Für den Tafelspitz den Backofen auf 75 °C vorheizen. Das Fleisch mit Salz und Pfeffer würzen und in einer Pfanne im Olivenöl rundum anbraten. Das verbliebene Öl abgießen, Butter, Salbei und Knoblauch dazugeben und die Butter aufschäumen lassen. Alles in eine ofenfeste Form geben und das Fleisch im Ofen auf der mittleren Schiene 5 bis 6 Stunden garen, dabei öfter mit der Butter beträufeln.

4 Inzwischen das Gemüse putzen, schälen und in Stifte schneiden. Den Spitzkohl waschen, vierteln und in die einzelnen Blätter teilen, dabei den Strunk entfernen. Das Gemüse nacheinander in kochendem Salzwasser bissfest blanchieren. Abgießen, in gesalzenem Eiswasser abschrecken und abtropfen lassen. Die Butter in einer Pfanne zerlassen, sämtliches Gemüse darin schwenken. Den Salbei dazugeben und alles mit Salz und Pfeffer würzen. Die Kalbsjus aufkochen. Den Tafelspitz in dünne Scheiben schneiden und mit dem Gemüse auf vorgewärmten Tellern anrichten. Mit Kalbsjus beträufeln und mit Meerrettich bestreuen.

Mein Tipp

Als Beilage zu dem Kalbstafelspitz passen Gnocchi (Rezept siehe S. 78, ohne Sauce) oder Polenta. Die restliche Kalbsjus hält sich im Kühlschrank 7 bis 10 Tage und lässt sich auch bestens auf Vorrat einfrieren.

Kalbskotelett alla milanese mit Bohnensalat

Zutaten für 4 Personen
Für den Bohnensalat:
100 g Saubohnenkerne
100 g Keniabohnen
100 g Zuckerschoten
Salz · 100 g Gradoli (kleine
weiße Bohnen aus der Dose;
ersatzweise Cannellini-Bohnen)
4 Tomaten
1 Schalotte
1 Knoblauchzehe
4 Zweige Bohnenkraut
5 EL Olivenöl
2 EL Sherryessig
Pfeffer aus der Mühle

Für die Koteletts:
2 große Kalbskoteletts
(à 400 g; ohne Fettrand)
Salz · Pfeffer aus der Mühle
4 Eier
100 g Mehl
100 g Paniermehl
100 g Butter

1 Für den Bohnensalat die Saubohnenkerne aus den Häutchen palen. Die Keniabohnen und Zuckerschoten putzen und waschen. Die beiden Bohnensorten und die Zuckerschoten nacheinander in kochendem Salzwasser bissfest blanchieren. Abgießen, in gesalzenem Eiswasser abschrecken und abtropfen lassen. Die weißen Bohnen in ein Sieb abgießen und abtropfen lassen. Die Tomaten überbrühen, kalt abschrecken und häuten. Die Tomaten vierteln, entkernen und in Spalten schneiden.

2 Die Schalotte und den Knoblauch schälen und in feine Würfel schneiden. Das Bohnenkraut waschen und trocken schütteln, die Blätter abzupfen und fein schneiden. In einer Pfanne 1 TL Olivenöl erhitzen, die Schalotten- und Knoblauchwürfel darin andünsten.

3 Den Essig, das restliche Olivenöl, Schalotten- und Knoblauchwürfel zu einer Vinaigrette verrühren. Mit Salz und Pfeffer würzen. Die Bohnen, Zuckerschoten und Tomaten mit der Vinaigrette in einer Schüssel mischen und gegebenenfalls nochmals mit Salz und Pfeffer abschmecken. Das Bohnenkraut erst kurz vor dem Servieren unterheben.

4 Für die Koteletts die Kalbskoteletts mit Salz und Pfeffer würzen. Die Eier in einem tiefen Teller verquirlen. Das Mehl und das Paniermehl ebenfalls in tiefe Teller geben. Die Koteletts zuerst im Mehl wenden, dann durch die Eier ziehen und zum Schluss im Paniermehl wenden. Noch einmal durch die Eier ziehen und im Paniermehl wenden.

5 Den Backofen auf 180 °C vorheizen. Das Ofengitter auf die mittlere Schiene und darunter ein Abtropfblech schieben. Die Butter klären (siehe Tipp) und in einer Pfanne erhitzen.

6 Die Koteletts nacheinander in der geklärten Butter auf beiden Seiten goldgelb braten, dabei immer wieder mit Butter übergießen. Die Koteletts auf das Ofengitter legen und im Ofen 10 bis 15 Minuten fertig garen. Die Kalbskoteletts vom Knochen lösen, in Scheiben schneiden und mit dem Bohnensalat auf vorgewärmten Tellern anrichten.

Mein Tipp

Für geklärte Butter die Butter in einem Topf langsam erhitzen, bis sich die Molke vom Fett trennt. Den Schaum mit dem Schaumlöffel abnehmen. Geklärte Butter kann man gut auf Vorrat zubereiten, sie hält sich gut verschlossen im Kühlschrank etwa 4 Wochen.

Fleisch

Die Saubohnenkerne aus den Häutchen palen.

Die panierten Koteletts ein zweites Mal durch die Eier ziehen und im Paniermehl wenden.

Die Butter in einem Topf langsam erhitzen, bis sich die Molke vom Fett trennt.

Die Koteletts in der geklärten Butter goldgelb braten, dabei immer wieder mit Butter übergießen.

Ossobuco alla milanese
mit Gremolata und Risotto

Zutaten für 6 Personen
Für das Ossobuco:
je 100 g Schalotten, Möhren
und Staudensellerie
2 Knoblauchzehen
6 Kalbsbeinscheiben
(à ca. 4 cm dick) · Salz
50 g geklärte Butter
(siehe Tipp S. 132)
2 EL Tomatenmark
1 Zweig Rosmarin
200 ml trockener Weißwein
1/2 l dunkler Kalbsfond
Pfeffer aus der Mühle

Für den Risotto:
2 Schalotten · 1 Knoblauchzehe
1 l Hühnerbrühe
(Rezept siehe S. 34)
3 EL Butter · 50 g Rindermark
250 g Risottoreis
(z. B. Carnaroli)
10–15 Safranfäden
50 ml trockener Weißwein
80 g geriebener Parmesan

Für die Gremolata:
2 Knoblauchzehen
(in feinen Würfeln)
2 eingelegte Sardellenfilets
(fein gehackt) · abgeriebene
Schale von 1/2 unbehandelten
Zitrone · 1–2 EL weiche Butter
1 EL Mehl

1 Für das Ossobuco den Backofen auf 160 °C vorheizen. Die Schalotten schälen, die Möhren und den Sellerie putzen und schälen. Das Gemüse in kleine Würfel schneiden. Den Knoblauch schälen. Die Kalbsbeinscheiben waschen, trocken tupfen und an den Rändern einritzen, damit sie sich beim Braten nicht wölben. Das Fleisch mit Salz würzen. Die geklärte Butter in einem Bräter erhitzen und die Kalbsbeinscheiben darin auf beiden Seiten kräftig anbraten.

2 Die Kalbsbeinscheiben herausnehmen und die Gemüsewürfel mit dem Knoblauch in dem Bräter rundum anbraten. Das Tomatenmark und den Rosmarinzweig dazugeben und kurz mitbraten. Mit dem Wein ablöschen und auf die Hälfte einkochen lassen. Den Fond angießen und aufkochen. Die Kalbsbeinscheiben auf das Gemüse legen und im Ofen auf der mittleren Schiene etwa 1 1/2 Stunden schmoren lassen.

3 Inzwischen für den Risotto Schalotten und Knoblauch schälen und in feine Würfel schneiden. Die Brühe zu Kochen bringen. In einem Topf 1 EL Butter mit dem Rindermark erhitzen. Die Schalotten und den Knoblauch darin glasig dünsten. Den Reis mit dem Safran dazugeben und ebenfalls glasig dünsten. Mit dem Wein ablöschen und fast vollständig einköcheln lassen. So viel heiße Brühe zum Reis geben, dass dieser gerade bedeckt ist. Bei schwacher Hitze offen unter ständigem Rühren köcheln lassen, bis der Reis die Flüssigkeit vollständig aufgenommen hat. Erneut Brühe dazugießen und so weiterverfahren, bis der Risottoreis nach 20 bis 30 Minuten »al dente« ist.

4 Das Fleisch aus dem Bräter nehmen und den Schmorfond durch ein Sieb in einen Topf passieren. Das Fett abschöpfen, die Sauce aufkochen.

5 Für die Gremolata alle Zutaten mischen, in den kochenden Schmorfond rühren und bei schwacher Hitze 10 Minuten köcheln lassen. Die Sauce erneut durch ein feines Sieb passieren und mit Salz und Pfeffer abschmecken. Das Fleisch wieder in die Sauce geben und bei schwacher Hitze erwärmen. Restliche Butter und Parmesan unter den Risotto rühren und mit Salz abschmecken. Das Ossobuco mit dem Risotto auf vorgewärmten Tellern anrichten und mit der Sauce übergießen.

Mein Tipp

Risotto ist die klassische Beilage zum Ossobuco alla milanese. Sie können das Gericht aber auch mit Kartoffeln, Kartoffelpüree oder italienischem Weißbrot servieren. Das Rezept funktioniert übrigens genauso mit Lamm- statt Kalbsbeinscheiben.

Fleisch

Fleisch waschen, trocken tupfen und an den Rändern einritzen – so wölbt es sich beim Braten nicht.

Gemüsewürfel im Bräter rundum anbraten. Tomatenmark und Rosmarin dazugeben, kurz mitbraten.

Für die Gremolata Knoblauchwürfel und Sardellenfilets mit Mehl, Butter und Zitronenschale mischen.

Die Gremolata in den kochenden Schmorfond einrühren und 10 Minuten köcheln lassen.

Fleisch

Die abgekühlte Polenta aus der Form stürzen und in dünne Scheiben schneiden.

Die Kalbsleber putzen, d. h. die Haut und die Gefäße entfernen.

Die Kalbsleberscheiben im Mehl wenden, überschüssiges Mehl abklopfen.

Die Butter und das Olivenöl in einer Pfanne erhitzen und die Leber darin mit dem Salbei braten.

Kalbsleber auf venezianische Art

Zutaten für 4 Personen

Für die Polenta:
ca. 1/2 l Hühnerbrühe
(Rezept siehe S. 34)
1 Lorbeerblatt
Fleur de Sel
100 g grobe Polenta
(z. B. Bramata)
1 EL Butter

Für das Gemüse:
20 Perlzwiebeln
2 EL Zucker
2 Zweige Thymian
Fleur de Sel
Pfeffer aus der Mühle
150 ml trockener Weißwein
16 Salbeiblätter
Olivenöl zum Frittieren
200 g Pilze (z. B. Steinpilze
oder braune Champignons)
4 Mangoldblätter
2 EL Butter

Für die Kalbsleber:
600 g Kalbsleber
Mehl zum Wenden
2 EL Butter
1 EL Olivenöl
4 Zweige Salbei
Fleur de Sel
Pfeffer aus der Mühle
150 ml Kalbsjus
(Rezept siehe S. 131)

1 Für die Polenta die Brühe mit dem Lorbeerblatt aufkochen lassen und leicht salzen. Die Polenta unter ständigem Rühren einrieseln lassen. Die Hitze reduzieren und die Polenta unter gelegentlichem Rühren etwa 30 Minuten köcheln lassen.

2 Inzwischen für das Gemüse die Perlzwiebeln in lauwarmem Wasser etwa 30 Minuten einweichen. Die Polenta vom Herd nehmen, mit der Butter und Fleur de Sel abschmecken. Die Polenta etwa 4 cm hoch in eine Kastenform streichen und gut abkühlen lassen.

3 Den Backofen auf 160 °C vorheizen. Die Perlzwiebeln schälen. Den Zucker in einer ofenfesten Pfanne karamellisieren, die Perlzwiebeln und die Thymianzweige darin wenden. Mit Fleur de Sel und Pfeffer würzen und mit dem Wein ablöschen. Die Zwiebeln im Ofen auf der mittleren Schiene etwa 30 Minuten weich garen.

4 Die Salbeiblätter in wenig Olivenöl frittieren und auf Küchenpapier abtropfen lassen. Die Pilze putzen und trocken abreiben. Die Mangoldblätter waschen und trocken schütteln. Die Butter in einer Pfanne erhitzen, die Pilze und den Mangold darin leicht anbraten. Mit Fleur de Sel und Pfeffer würzen.

5 Die abgekühlte Polenta auf ein Küchenbrett stürzen und in dünne Scheiben schneiden. Die Polentascheiben in einer beschichteten Pfanne ohne Fett auf beiden Seiten knusprig braten und warm halten.

6 Für die Kalbsleber die Leber putzen, waschen, in 8 Scheiben schneiden und diese im Mehl wenden. Die Butter und das Olivenöl in einer Pfanne erhitzen, den Salbei dazugeben und die Leberscheiben darin auf beiden Seiten kurz braten. Mit Fleur de Sel und Pfeffer würzen.

7 Die Kalbsjus aufkochen. Die Mangoldblätter auf vorgewärmte Teller geben, die Kalbsleberscheiben und Perlzwiebeln darauf verteilen. Die Polentascheiben mit den Pilzen darauf anrichten. Mit den frittierten Salbeiblättern garnieren und mit der Kalbsjus beträufeln.

Mein Tipp

Achten Sie darauf, die Leberscheiben nicht zu lange zu braten und erst danach mit Salz zu würzen, sonst werden sie hart und zäh. Sie können die Kalbsleber auch im Ganzen braten (siehe Step), dann verlängert sich allerdings die Garzeit.

Rinderschmorbraten mit Rotweinzwiebeln

Zutaten für 4 Personen
Für den Schmorbraten:
1 kg Rinderschmorbraten
(z. B. aus der Oberschale)
Salz · 10 Schalotten
4 Knoblauchzehen
2 Möhren
100 g Knollensellerie
4 Stangen Staudensellerie
4 EL Olivenöl
1 EL Tomatenmark
1 EL Mehl
je 10 Wacholderbeeren,
Pimentkörner, weiße und
schwarze Pfefferkörner
2 Lorbeerblätter
je 2 Zweige Rosmarin
und Thymian
1 l Barolo (oder anderer
kräftiger Rotwein)
100 ml Aceto balsamico
1 l Rinderfond
Pfeffer aus der Mühle

Für die Zwiebeln:
6–8 rote Zwiebeln
2 EL Butter
Fleur de Sel
Pfeffer aus der Mühle
2 EL Zucker
je 100 ml roter Portwein
und trockener Rotwein
4 Zweige Thymian

1 Für den Schmorbraten das Fleisch von Fett und Sehnen befreien und mit Salz würzen. Die Schalotten und den Knoblauch schälen, die Möhren und den Knollensellerie putzen und schälen, den Staudensellerie putzen und waschen. Die Schalotten ganz lassen, das restliche Gemüse in grobe Würfel schneiden.

2 Das Olivenöl in einem Bräter erhitzen und den Rinderbraten darin rundum scharf anbraten. Das Fleisch aus dem Bräter nehmen, das Gemüse dazugeben und im verbliebenen Bratfett andünsten. Das Tomatenmark und das Mehl hinzufügen und kurz anrösten. Die Gewürzkörner in ein Gewürzsäckchen füllen, verschließen und mit den Lorbeerblättern und den Kräuterzweigen dazugeben. Alles mit dem Wein und dem Essig ablöschen und fast vollständig einköcheln lassen.

3 Den Backofen auf 160 °C vorheizen. Das Fleisch auf das Gemüse in den Bräter legen und den Fond dazugießen. Aufkochen lassen und den Braten im Ofen auf der mittleren Schiene 1 Stunde garen. Die Backofentemperatur auf 140 °C herunterschalten und den Rinderbraten 1 weitere Stunde schmoren. Dann die Temperatur auf 120 °C reduzieren und den Braten nochmals 1 Stunde schmoren.

4 Das Fleisch aus dem Bräter nehmen und warm halten. Die Sauce in einen Topf passieren und bis zur gewünschten Konsistenz einkochen lassen. Die Sauce mit Salz und Pfeffer abschmecken.

5 Inzwischen die Zwiebeln schälen und in Spalten schneiden. Die Butter in einer Pfanne erhitzen und die Zwiebeln darin farblos andünsten. Mit Fleur de Sel und Pfeffer würzen. Den Zucker darüberstreuen und leicht karamellisieren. Mit den beiden Weinsorten ablöschen und den Thymian dazugeben. Die Zwiebeln 15 Minuten bissfest garen und in ein Sieb abgießen, dabei den Sud in einem Topf auffangen. Den Sud sirupartig einköcheln lassen, die Zwiebeln wieder dazugeben. Nochmals mit Fleur de Sel und Pfeffer würzen.

6 Den Braten in Scheiben schneiden und mit den Rotweinzwiebeln auf vorgewärmten Tellern anrichten. Die Sauce darüberträufeln.

Mein Tipp

Dazu können Sie Stampfkartoffeln, Kartoffelpüree oder das Selleriepüree von S. 143 servieren. Die Rotweinzwiebeln sind auch eine feine Beilage zu anderen Schmorbraten oder zu kurz gebratenem Fleisch, wie z. B. Rindersteaks.

Fleisch 139

Den Rinderschmorbraten von Fett und Sehnen befreien.

Das Fleisch in einem Bräter im heißen Olivenöl rundum anbraten.

Den Braten auf das Gemüse legen und im Ofen auf der mittleren Schiene weich schmoren.

Die roten Zwiebeln leicht karamellisieren und mit Port- und Rotwein ablöschen.

Fiorentina mit Barolosauce und Rosmarinkartoffeln

Zutaten für 4 Personen
Für die Fiorentina:
1 Fiorentina (ital. T-Bone-
Steak; ca. 2 kg) · Salz
2 Knoblauchzehen
5 EL Olivenöl
50 g Butter
je 2 Zweige Rosmarin
und Thymian
Fleur de Sel
Pfeffer aus der Mühle

Für die Barolosauce:
4 Schalotten
2 Zweige Rosmarin
4 EL Butter
½ TL Rotweingewürz »Shiraz«
200 ml Barolo (ital. Rotwein)
100 ml roter Portwein
400 ml dunkler Kalbsfond

Für die Rosmarinkartoffeln:
200 g kleine festkochende
Kartoffeln
2 Zweige Rosmarin
2 EL Olivenöl
8 junge Knoblauchzehen
Salz · Pfeffer aus der Mühle

1   Für die Fiorentina den Backofen auf 160 °C vorheizen. Das Fleisch leicht salzen. Den Knoblauch andrücken. Das Olivenöl in einer großen ofenfesten Pfanne erhitzen und die Fiorentina darin rundum scharf anbraten.

2   Das verbliebene Olivenöl vorsichtig abgießen, die Butter, die Kräuter und den Knoblauch in die Pfanne geben und die Butter aufschäumen lassen. Die Fiorentina mit der Butter begießen und im Ofen auf der mittleren Schiene 20 bis 25 Minuten fertig garen. Die Kerntemperatur sollte 50 bis 55 °C betragen.

3   Inzwischen für die Barolosauce die Schalotten schälen und in feine Würfel schneiden. Den Rosmarin waschen und trocken schütteln. Die Butter in einem Topf erhitzen und die Schalotten darin andünsten. Den Rosmarin und das Rotweingewürz dazugeben, mit dem Rot- und Portwein ablöschen und die Flüssigkeit fast sirupartig einkochen lassen. Den Fond hinzufügen und nochmals bis zur gewünschten Konsistenz einkochen lassen. Die Barolosauce durch ein feines Sieb passieren, gegebenenfalls mit Salz und Pfeffer abschmecken und warm halten.

4   Für die Rosmarinkartoffeln die Kartoffeln mit der Gemüsebürste unter fließendem kaltem Wasser gründlich abbürsten und halbieren. Den Rosmarin waschen, trocken schütteln und die Nadeln abzupfen. Das Olivenöl in einer ofenfesten Pfanne erhitzen und die Kartoffeln darin mit der Schnittfläche nach unten goldgelb anbraten.

5   Das Fleisch aus dem Ofen nehmen und in Alufolie gewickelt etwa 15 Minuten ruhen lassen. Die Backofentemperatur auf 180 °C erhöhen. Den ungeschälten Knoblauch und die Rosmarinnadeln zu den Kartoffeln geben. Die Kartoffeln wenden und im Ofen etwa 15 Minuten fertig garen. Mit Salz und Pfeffer würzen.

6   Die Fiorentina mit Fleur de Sel und Pfeffer würzen, vom Knochen lösen und in Scheiben schneiden. Mit den Rosmarinkartoffeln und der Barolosauce servieren.

Mein Tipp

Nehmen Sie das Fleisch immer rechtzeitig aus dem Kühlschrank, am besten 2 Stunden vor dem Braten. Dann das Fleisch mit Alufolie abgedeckt Zimmertemperatur annehmen lassen, damit es schön gleichmäßig durchgart.

Fleisch 141

Die Fiorentina mit der aufgeschäumten Butter begießen.

Den Rosmarin und das Rotweingewürz zu den Schalotten in den Topf geben.

Die Kartoffeln mit der Gemüsebürste gründlich abbürsten.

Die Kartoffelhälften in einer Pfanne anbraten. Den Knoblauch und den Rosmarin dazugeben.

142 *Fleisch*

Die Ochsenschwanzstücke in der Wein-Gemüse-Marinade etwa 24 Stunden marinieren.

Die Selleriewürfel auf dem Backblech mit Salz und Pfeffer würzen und mit Olivenöl beträufeln.

Die Ochsenschwanzstücke im Olivenöl rundum anbraten.

Die Senffrüchte kurz unter fließendem Wasser abbrausen, trocken tupfen und klein schneiden.

Fleisch 143

Geschmorter Ochsenschwanz mit Selleriepüree und Senffrüchten

Zutaten für 4 Personen
Für den Ochsenschwanz:
6 Schalotten
1 junge Knoblauchknolle
2 Möhren
2 Stangen Staudensellerie
1 Stange Lauch
1 Lorbeerblatt
2 Zweige Thymian
200 ml roter Portwein
700 ml trockener Rotwein
1 Ochsenschwanz (ca. 1 kg;
vom Metzger in Stücke
geschnitten)
2 EL Olivenöl
1 EL Mehl
Salz · Pfeffer aus der Mühle

Für das Selleriepüree:
1 mittelgroße Sellerieknolle
Salz · Pfeffer aus der Mühle
4 EL Olivenöl
100 ml heiße Milch
4 EL Butter

Außerdem:
ca. 100 g Senffrüchte (aus dem
Glas; aus dem Feinkostladen)

1 Am Vortag für den Ochsenschwanz die Schalotten und den Knoblauch schälen, die Möhren putzen und schälen, den Staudensellerie und den Lauch putzen und waschen. Das Gemüse in grobe Würfel bzw. Scheiben schneiden, mit dem Lorbeerblatt und dem Thymian in einen Topf geben und die beiden Weinsorten hinzufügen. Die Ochsenschwanzstücke dazugeben und etwa 24 Stunden darin marinieren.

2 Am nächsten Tag für das Selleriepüree den Backofen auf 160 °C vorheizen. Den Sellerie putzen, schälen und in Würfel schneiden. Ein Backblech mit Alufolie auslegen und die Selleriewürfel darauf verteilen. Mit Salz und Pfeffer würzen und mit Olivenöl beträufeln. Im Ofen auf der mittleren Schiene 35 bis 45 Minuten weich schmoren.

3 Die geschmorten Selleriewürfel aus dem Ofen nehmen, den Backofen nicht ausschalten. Den Ochsenschwanz aus der Marinade nehmen und mit Küchenpapier trocken tupfen. Die Marinade durch ein feines Sieb in einen Topf passieren. Das Olivenöl in einem Bräter erhitzen und die Ochsenschwanzstücke darin rundum anbraten. Mit dem Mehl bestäuben und die Marinade dazugießen. Die Ochsenschwanzstücke im Ofen auf der mittleren Schiene 3 bis 4 Stunden weich schmoren.

4 Inzwischen die Selleriewürfel mit der heißen Milch und der Butter zu einem cremigen Püree mixen. Nochmals mit Salz und Pfeffer abschmecken und warm halten.

5 Die Ochsenschwanzstücke aus dem Bräter nehmen, den Schmorfond durch ein feines Sieb in einen Topf passieren und einköcheln lassen, bis die gewünschte Konsistenz erreicht ist. Die Sauce mit Salz und Pfeffer abschmecken. Das Fleisch vom Knochen lösen und in die Sauce geben.

6 Die Senffrüchte kurz unter fließendem Wasser abbrausen, trocken tupfen, in kleine Würfel schneiden, zum Ochsenschwanz in die Sauce geben und erhitzen. Den Ochsenschwanz mit dem Selleriepüree und der Sauce auf vorgewärmten Tellern anrichten. Nach Belieben mit knusprig gebratenen Speckscheiben garnieren (siehe Tipp).

Mein *Tipp*

Für die knusprig gebratenen Speckscheiben können Sie 4 Scheiben Tiroler Schinkenspeck, wie im Tipp auf S. 30 beschrieben, im Ofen braten. Bleibt vom Ochsenschwanz etwas übrig, können Sie die Reste am nächsten Tag mit gegarten Nudeln durchschwenken.

Schweinebraten mit Pancetta-Kartoffeln

Zutaten für 4 Personen
Für den Schweinebraten:
1 Spanferkelkeule (ca. 2 kg)
Salz · Pfeffer aus der Mühle
4 EL Olivenöl · 2 TL Honig
4 EL Kalbsjus
(Rezept siehe S. 131)

Für die Pancetta-Kartoffeln:
12 kleine festkochende
Kartoffeln · grobes Meersalz
1 TL ganzer Kümmel
4 Scheiben Pancetta · (ital.
Bauchspeck; in feinen Würfeln)
2 Schalotten (in feinen
Würfeln) · 1 EL Olivenöl
1 EL Schnittlauchröllchen
Salz · Pfeffer aus der Mühle
100 g Mehl · 3 Eier
100 g Paniermehl
Öl zum Frittieren

Für das Gemüse:
1 Kohlrabi
8 kleine Bundmöhren
8 Stangen grüner Spargel
200 g Zuckerschoten
200 g gepalte Erbsen
grobes Meersalz · 2 EL Zucker
1 EL milder Weißweinessig
150 ml Moscato (ital. Süßwein)
4 Zweige Majoran
2 EL Butter
Salz · Pfeffer aus der Mühle

1 Für den Schweinebraten den Backofen auf 180°C vorheizen. Das Ofengitter auf die mittlere Schiene und darunter ein Abtropfblech schieben. Die Spanferkelkeule mit einem scharfen Küchenmesser oder einem Papierschneidemesser rautenförmig einschneiden und mit Salz und Pfeffer würzen. Die Keule in einer Pfanne in 1 EL Olivenöl rundum anbraten. Den Honig in einem kleinen Topf karamellisieren und das restliche Olivenöl unterrühren. Die Keule damit bestreichen und im Ofen auf dem Ofengitter etwa 2 1/2 Stunden knusprig braten.

2 Für die Pancetta-Kartoffeln die Kartoffeln unter fließendem kaltem Wasser gründlich abbürsten, in einen Topf geben und mit kaltem Wasser bedecken. Meersalz und Kümmel dazugeben und die Kartoffeln etwa 20 Minuten garen. Abgießen, kalt abschrecken, ungeschält längs halbieren und vorsichtig mit einem Kugelausstecher aushöhlen. Die Pancetta- und Schalottenwürfel im Olivenöl anbraten und auf Küchenpapier abtropfen lassen. Das Kartoffelmus mit Pancetta und Schnittlauch mischen, mit Salz und Pfeffer würzen. Die Kartoffelhälften mit der Speckmasse füllen und wieder zusammensetzen. Zuerst im Mehl wenden, dann durch die verquirlten Eier ziehen und zuletzt im Paniermehl wenden. Den Vorgang wiederholen. Das Öl in einem Topf auf 170°C erhitzen und die Kartoffeln darin portionsweise knusprig ausbacken. Auf Küchenpapier abtropfen lassen und im Backofen warm halten.

3 Das Gemüse putzen und schälen bzw. waschen. Kohlrabi in Rauten, Möhren in Stücke schneiden, die Spargelenden abschneiden. Die Gemüsesorten nacheinander in kochendem Salzwasser bissfest blanchieren und in gesalzenem Eiswasser abschrecken. Den Zucker in einem Topf karamellisieren. Mit Essig und Wein ablöschen, Majoran und Butter dazugeben und alles auf die Hälfte einkochen lassen. Mit Salz und Pfeffer würzen. Das Gemüse in der Moscato-Reduktion erhitzen.

4 Den Braten in Scheiben schneiden und mit dem Gemüse auf vorgewärmten Tellern anrichten. Die Pancetta-Kartoffeln schräg halbieren und dazu servieren. Die Kalbsjus aufkochen, mit etwas Moscato-Reduktion abschmecken und um das Fleisch träufeln.

Mein Tipp

Die Pancetta-Kartoffeln sind auch eine ideale Beilage zu kurz gebratenem Fleisch, wie z.B. Schweinefilet oder Hähnchenbrust. Statt der Kalbsjus können Sie 1/4 l Kalbsfond verwenden und diesen auf 4 EL einköcheln lassen.

Fleisch 145

Die Haut der Spanferkelkeule mit einem Papierschneidemesser rautenförmig einschneiden.

Die angebratene Schweinekeule mit der Honig-Olivenöl-Marinade bestreichen.

Die gegarten Kartoffeln längs halbieren und vorsichtig mit einem Kugelausstecher aushöhlen.

Die Kartoffelhälften mit der Pancetta-Mischung füllen und wieder zusammensetzen.

146   *Fleisch*

Die Lammschulter von Fett und Sehnen befreien.

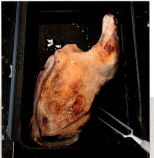

Das Olivenöl in einem Bräter erhitzen, die Lammschulter darin rundum anbraten und herausnehmen.

Die Lammschulter auf das Gemüse legen und im Ofen weich schmoren.

Die geschmorte Lammschulter vom Knochen lösen und in Scheiben schneiden.

Fleisch 147

Geschmorte Lammschulter
mit Mangold-Linsen-Salat

Zutaten für 4 Personen
Für die Lammschulter:
5 Schalotten
4 Knoblauchzehen
2 Möhren
4 Stangen Staudensellerie
1 große Lammschulter
Fleur de Sel
2–3 EL Olivenöl
1 EL Tomatenmark
5 Zweige Bohnenkraut
2 EL schwarze Oliven
(z. B. Taggiasca-Oliven;
entsteint)
100 ml trockener Weißwein
50 ml weißer Portwein
600 ml Lamm- oder
Geflügelfond
Pfeffer aus der Mühle

Für den Mangold-Linsen-Salat:
100 g braune Linsen
ca. ½ l Hühnerbrühe
(Rezept siehe S. 34)
2 EL Olivenöl
10 Safranfäden
Fleur de Sel
1 Mangold
1 Staude gelber Löwenzahn
Pfeffer aus der Mühle
frisch geriebene Muskatnuss

1 Für die Lammschulter den Backofen auf 160 °C vorheizen. Die Schalotten und den Knoblauch schälen, die Möhren und den Staudensellerie putzen und schälen bzw. waschen. Das Gemüse in grobe Würfel schneiden. Die Lammschulter von Fett und Sehnen befreien und mit Fleur de Sel würzen. Das Olivenöl in einem Bräter erhitzen, die Lammschulter darin rundum anbraten und wieder aus dem Bräter nehmen. Die Gemüsewürfel im verbliebenen Bratfett unter Rühren anbraten. Das Tomatenmark dazugeben und anrösten.

2 Das Bohnenkraut waschen, trocken schütteln und mit 1 EL Oliven dazugeben. Die beiden Weinsorten dazugießen und auf die Hälfte einkochen lassen. Den Fond hinzufügen und die Lammschulter auf das Gemüse legen. Alles noch einmal aufkochen und im Ofen auf der mittleren Schiene zugedeckt 1 Stunde garen. Die Backofentemperatur auf 140 °C herunterschalten und die Lammkeule 1 weitere Stunde schmoren. Dann die Temperatur auf 120 °C reduzieren und die Keule nochmals 1 Stunde schmoren. Die Lammschulter ist gar, wenn sich das Fleisch leicht vom Knochen lösen lässt.

3 Inzwischen für den Mangold-Linsen-Salat die Linsen mit der Brühe, 1 EL Olivenöl und den Safranfäden in einem Topf aufkochen. Die Hitze reduzieren und die Linsen bissfest köcheln. Die Linsen mit Fleur de Sel abschmecken und warm halten.

4 Den Mangold putzen, waschen, in die einzelnen Blätter teilen und diese halbieren. Den Löwenzahn putzen, waschen, trocken schleudern und in mundgerechte Stücke zupfen. Das restliche Olivenöl in einer Pfanne erhitzen und den Mangold darin anbraten. Löwenzahn dazugeben und zusammenfallen lassen. Mit Fleur de Sel, Pfeffer und Muskatnuss abschmecken. Die Linsen in ein Sieb abgießen und untermischen.

5 Das Fleisch aus dem Bräter nehmen, den Bratfond durch ein Sieb in einen Topf gießen und bis zur gewünschten Konsistenz einkochen. Die restlichen Oliven dazugeben. Die Lammschulter vom Knochen lösen, in Scheiben schneiden, mit Pfeffer würzen und mit dem Mangold-Linsen-Salat auf vorgewärmten Tellern anrichten. Mit der Sauce beträufeln.

Mein Tipp

Der Mangold-Linsen-Salat schmeckt auch gut als Beilage zu Geflügelbraten oder zu kurz gebratenem Geflügelfleisch. Sollten Sie keinen Mangold bekommen, können Sie den Salat mit Spinat-, Kopf- oder Romanasalatblättern zubereiten.

Fleisch

Das klein geschnittene Gemüse zur Lammkeule geben und kurz mitbraten.

Den Ziegenricotta mit dem Knoblauch, dem Olivenöl, dem Thymian und dem Paniermehl mischen.

Die Artischockenböden mithilfe eines Teelöffels mit der Ricottamasse füllen.

Die Artischocken mit dem geriebenen Grana Padano bestreuen und im Ofen gratinieren.

Fleisch 149

Lammkeule aus dem Ofen
mit gratinierten Artischocken

Zutaten für 4 Personen
Für die Lammkeule:
1 Lammkeule (ca. 2 kg;
vom Metzger pariert) · Salz
6 Schalotten
1 junge Knoblauchknolle
2 Möhren
1/4 Sellerieknolle
4 Frühlingszwiebeln
4 EL Olivenöl
je 2 Zweige Rosmarin
und Thymian
2 Lorbeerblätter
100 ml trockener Rotwein
50 ml roter Portwein
300 ml Lammfond
4 EL schwarze Oliven
(entsteint)
Pfeffer aus der Mühle

Für die Artischocken:
12 kleine violette Artischocken
Saft von 1/2 Zitrone
Salz · Weißweinessig
200 g Ziegenricotta (ersatzweise herkömmlicher Ricotta)
1/2 Knoblauchzehe
4 EL Olivenöl
2 EL Thymian
(fein geschnitten)
50 g Paniermehl
Pfeffer aus der Mühle
ca. 4 EL geriebener
Grana Padano

1 Für die Lammkeule den Backofen auf 160°C vorheizen. Die Lamm-keule rundum salzen. Schalotten und Knoblauch schälen und halbieren. Möhren und Sellerie putzen und schälen, Frühlingszwiebeln putzen und waschen. Das Gemüse in grobe Würfel bzw. Stücke schneiden.

2 Das Olivenöl in einem Bräter erhitzen und die Lammkeule darin rundum scharf anbraten. Das Gemüse dazugeben und kurz mitbraten. Kräuterzweige und Lorbeerblätter hinzufügen und mit den beiden Weinsorten ablöschen. Einköcheln lassen und den Fond dazugießen. Das Fleisch im Ofen auf der mittleren Schiene 1 bis 1 1/2 Stunden rosa garen. Dann die Lammkeule herausnehmen und in Alufolie gewickelt etwa 20 Minuten ruhen lassen. Den Bratenfond durch ein feines Sieb in einen Topf passieren und bis zur gewünschten Konsistenz einkochen lassen. Die Oliven dazugeben, die Sauce mit Salz und Pfeffer würzen.

3 Inzwischen die Artischocken putzen, d.h. die äußeren Blätter ab-zupfen, die Blattspitzen und die Stiele abschneiden. Mit einem Kugel-ausstecher die Artischocken in der Mitte aushöhlen und das feine Heu entfernen. Die geputzten Artischocken sofort in Zitronenwasser legen, damit sie nicht braun werden.

4 Die Artischocken abgießen, in einem Topf mit Wasser bedecken, mit Salz und Essig würzen und zum Kochen bringen. Die Artischocken 15 bis 20 Minuten »al dente« garen, herausnehmen und abkühlen lassen.

5 Den Backofen auf 200°C (Oberhitze) vorheizen. Den Ziegenricotta in einem sauberen Küchentuch gut ausdrücken und in eine Schüssel ge-ben. Den Knoblauch schälen, in feine Würfel schneiden, mit dem Oli-venöl, dem Thymian und dem Paniermehl hinzufügen. Alles mischen und mit Salz und Pfeffer abschmecken. Die Artischockenböden mit der Ricottamasse füllen, in eine ofenfeste Form setzen und mit dem Käse be-streuen. Im Ofen auf der mittleren Schiene 6 bis 8 Minuten gratinieren.

6 Die Lammkeule nochmals mit Salz und Pfeffer würzen und in Schei-ben schneiden. Mit den gratinierten Artischocken und der Olivensauce auf vorgewärmten Tellern anrichten.

Mein *Tipp*

Artischocken gibt es inzwischen fast das ganze Jahr über zu kaufen. Sollten Sie dennoch einmal keine frischen Artischocken bekommen, können Sie auch ausgehöhlte Zucchini oder Kartoffeln mit der Ziegenricottamasse gratinieren.

Dolci

»Kennen Sie das auch? Man hat vorzüglich gegessen und kann eigentlich nicht mehr, aber dann wird ein raffiniertes Dessert serviert, und man kann einfach nicht Nein sagen. Ich freue mich bei jedem Essen auf das süße Finale! In Italien muss das übrigens nicht immer aufwendig sein. Manchmal tun es auch frische Früchte, aber bei einem festlichen Essen darf es gern etwas Ausgefallenes sein. Da trifft es sich gut, dass man viele Desserts prima vorbereiten kann.«

152 *Dolci*

Die Himbeermischung durch ein feines Sieb passieren.

Die Gläser schräg in einen Eierkarton setzen und das Orangenlikör-Himbeer-Gelee vorsichtig einfüllen.

Die Vanilleschoten längs aufschneiden, das Mark mit einem spitzen Messer herauskratzen.

Die eingeweichte Gelatine ausdrücken und unter Rühren in der heißen Sahnemischung auflösen.

Dolci 153

Panna cotta mit Orangenlikör-Himbeer-Gelee

Zutaten für 4 Personen
Für das Orangenlikör-
Himbeer-Gelee:
5 Blatt weiße Gelatine
400 g Himbeeren
100 g Zucker
2 cl Orangenlikör
(z. B. Grand Marnier)

Für die Panna cotta:
3 Blatt weiße Gelatine
1 Vanilleschote
375 g Sahne
90 g Zucker

Außerdem:
100 g Himbeeren
4 Verbenespitzen (Eisenkraut)

1   Für das Orangenlikör-Himbeer-Gelee die Gelatine in kaltem Wasser einweichen. Die Himbeeren verlesen, kurz abbrausen und trocken tupfen. Mit dem Zucker und dem Likör in einem Topf bei mittlerer Hitze unter Rühren erwärmen, bis sich der Zucker aufgelöst hat. Die Himbeermischung durch ein feines Sieb passieren und nochmals kurz erwärmen. Die Gelatine ausdrücken und unter Rühren darin auflösen. Das Orangenlikör-Himbeer-Gelee leicht abkühlen lassen.

2   Vier Gläser schräg in einen Eierkarton setzen und das Orangenlikör-Himbeer-Gelee einfüllen. Im Kühlschrank fest werden lassen.

3   Inzwischen für die Panna cotta die Gelatine in kaltem Wasser einweichen. Die Vanilleschote der Länge nach aufschneiden und das Mark mit einem spitzen Messer herauskratzen.

4   Die Sahne mit dem Zucker, der Vanilleschote und dem -mark in einem Topf aufkochen, vom Herd nehmen und leicht abkühlen lassen. Die Gelatine ausdrücken und unter Rühren in der Sahnemischung auflösen. Auf Zimmertemperatur abkühlen lassen und die Vanilleschote entfernen.

5   Die Panna cotta vorsichtig auf das Himbeergelee geben, sodass zwei Schichten entstehen, und mindestens 4 Stunden kühl stellen.

6   Zum Servieren die Himbeeren kurz abbrausen und trocken tupfen. Die Panna cotta mit den Himbeeren und der Verbene garnieren.

Mein Tipp

Gelatine ist einfach zu handhaben: Soll eine warme Crememasse gebunden werden, kann man die eingeweichten Blätter gleich unterrühren. Bei einer kalten Creme müssen sie erst in wenig warmer Flüssigkeit aufgelöst werden, bevor man sie mit der Creme vermischt.

Weinbergpfirsich aus dem Ofen mit Amaretto-Zabaglione

Zutaten für 4 Personen
Für die Pfirsiche:
4 Weinbergpfirsiche
4 Amarettini (kleine ital. Mandelmakronen)
4 TL Marzipanrohmasse
4 EL Pfirsichlikör
4 Zweige Zitronenthymian

Für die Amaretto-Zabaglione:
2 Eigelb
25 g Zucker
4 EL Moscato (ital. Süßwein)
1 EL Amaretto (ital. Mandellikör)
12 Amarettini
4 Kugeln Vanilleeis (oder Pfirsichsorbet; Fertigprodukt)

1 Für die Pfirsiche den Backofen auf 180 °C vorheizen. Die Weinbergpfirsiche kreuzweise einritzen und in kochendem Wasser kurz blanchieren. In Eiswasser abschrecken und häuten. Die Pfirsiche entsteinen, dabei darauf achten, dass die Früchte ganz bleiben.

2 Die Amarettini grob hacken, mit dem Marzipan und dem Pfirsichlikör mischen. Den Zitronenthymian waschen, trocken schütteln und grob zerkleinern. Die Pfirsiche mit der Marzipanmischung füllen und den Zitronenthymian daraufgeben. Die gefüllten Pfirsiche in Alufolie wickeln und im Ofen auf der mittleren Schiene etwa 15 Minuten garen.

3 Inzwischen für die Amaretto-Zabaglione die Eigelbe mit dem Zucker, dem Wein und dem Amaretto in einer Schüssel über dem heißen Wasserbad schaumig aufschlagen.

4 Die Pfirsiche aus der Folie wickeln und mit der Amaretto-Zabaglione auf Dessertellern oder in tiefen Tellern anrichten. Die Amarettini darüberbröseln und nach Belieben Schokoladenperlen darüberstreuen. Das Eis dazu servieren.

Mein Tipp

Wenn Sie eine Creme über dem heißen Wasserbad schaumig aufschlagen, achten Sie unbedingt darauf, dass die Metallschüssel das Wasser nicht berührt – sonst gerinnt die Creme. Das Wasser sollte nicht sprudelnd kochen, sondern idealerweise nur leise sieden.

Dolci 155

Die Pfirsiche kreuzweise einritzen, kurz blanchieren, in Eiswasser abschrecken und häuten.

Pfirsiche mithilfe einer Zange vorsichtig entsteinen – die Pfirsiche sollten dabei ganz bleiben.

Die Pfirsiche mit der Marzipanmischung füllen, mit dem Thymian bestreuen und in Alufolie wickeln.

Eigelbe mit Zucker, Wein und Likör über dem heißen Wasserbad schaumig aufschlagen.

Dolci

Sahne mit Milch, Vanilleschote und -mark sowie Espressobohnen in einem Topf aufkochen.

Den Zucker in einer Pfanne bei schwacher Hitze karamellisieren.

Den braunen Zucker im Mörser fein zerstoßen.

Die gestockte Creme mit dem Zucker bestreuen und mit dem Flambierbrenner karamellisieren.

Dolci 157

Café-Crème-brulée mit Zwetschgenröster

Zutaten für 4 Personen
Für die Café-Crème-brulée:
100 g Espresso- oder
Kaffeebohnen
1 Vanilleschote
375 g Sahne
1/8 l Milch
4 Eigelb
70 g Zucker
30 ml heißer Espresso
4–6 EL brauner Zucker

Für den Zwetschgenröster:
400 g Zwetschgen
1 Vanilleschote
4 EL Zucker
1 Zimtstange
200 ml trockener Rotwein
100 ml roter Portwein
1 EL Speisestärke
2 cl Zwetschgenwasser

1   Für die Café-Crème-brulée den Backofen auf 85 °C vorheizen. Die Espressobohnen in einer Pfanne ohne Fett bei schwacher Hitze anrösten. Die Vanilleschote der Länge nach aufschneiden und das Mark mit einem spitzen Messer herauskratzen. Die Sahne mit der Milch, der Vanilleschote und dem -mark sowie den Espressobohnen in einem Topf aufkochen, vom Herd nehmen und etwa 30 Minuten ziehen lassen.

2   Die Eigelbe und den Zucker verrühren. Die Sahnemischung durch ein feines Sieb gießen und mit der Eigelb-Zucker-Mischung verrühren. Den Espresso unterrühren und die Creme in ofenfeste Portionsförmchen füllen. Die Förmchen in ein tiefes Backblech stellen und so viel heißes Wasser angießen, dass die Förmchen zu etwa zwei Dritteln darin stehen. Die Creme im Ofen auf der mittleren Schiene etwa 45 Minuten stocken lassen.

3   Inzwischen für den Zwetschgenröster die Zwetschgen waschen, halbieren und entsteinen. Die Vanilleschote der Länge nach aufschneiden und das Mark mit einem spitzen Messer herauskratzen. Den Zucker in einer Pfanne karamellisieren und die Zwetschgen darin »anrösten«. Die Zimtstange, die Vanilleschote und das -mark dazugeben, mit den beiden Weinsorten ablöschen und alles aufkochen. Durch ein feines Sieb gießen, dabei den Sud in einem Topf auffangen. Die Zimtstange und die Vanilleschote entfernen und die Zwetschgen beiseitestellen.

4   Den Weinsud nochmals aufkochen. Die Speisestärke mit dem Zwetschgenwasser glatt rühren und die kochende Flüssigkeit damit binden. Die Zwetschgen wieder dazugeben und im Sud abkühlen lassen.

5   Den braunen Zucker im Mörser fein zerstoßen und die gestockte Creme damit bestreuen. Den Zucker mit dem Flambierbrenner gleichmäßig goldbraun karamellisieren. Die Café-Crème-brulée mit dem Zwetschgenröster servieren.

Mein Tipp

Die Creme mit dem braunen Zucker im Backofen zu karamellisieren kann wirklich nur eine Notlösung sein. Richtig schön kross und vor allem gleichmäßig braun wird die Kruste nur mit dem Flambierbrenner, den man im gut sortierten Fachhandel bekommt.

158 *Dolci*

Die Eiweiße mit Zucker in der Küchenmaschine oder mit dem Handrührgerät steif schlagen.

Je 2 Löffelbiskuits aneinanderlegen und mit einem Ausstecher rund ausstechen.

Eine Lage Löffelbiskuits in die Gläser füllen und mit der Espresso-Likör-Mischung beträufeln.

Die Kastaniencreme in einen Spritzbeutel füllen und zur Hälfte auf die Löffelbiskuits spritzen.

Kastanientiramisu mit kandierten Maronen

Zutaten für 4–6 Personen

Für das Kastanientiramisu:
3 Blatt weiße Gelatine
3 Eigelb
60 g Zucker
250 g Kastanienpüree
(aus dem Feinkostladen)
150 g Mascarpone
7 cl Amaretto
(ital. Mandellikör)
2 Eiweiß
30 ml heißer Espresso
ca. 16 Löffelbiskuits
Kakaopulver zum Bestäuben

Für die kandierten Maronen:
160 g Zucker
250 g Maronen (vorgegart und vakuumverpackt)
4 EL Butter
je 2 cl Cognac und Amaretto

1 Für das Kastanientiramisu die Gelatine in kaltem Wasser einweichen. Die Eigelbe mit der Hälfte des Zuckers schaumig schlagen. Das Kastanienpüree und den Mascarpone unterrühren.

2 Die Gelatine ausdrücken, mit 2 cl Amaretto in einem kleinen Topf bei schwacher Hitze auflösen und unter die Kastaniencreme rühren. Die Eiweiße mit dem restlichen Zucker zu steifem Schnee schlagen und unter die Kastaniencreme heben.

3 Den Espresso mit dem restlichen Amaretto mischen. Je 2 Löffelbiskuits an den Längsseiten aneinanderlegen und mit einem Ausstecher rund ausstechen. Eine Lage Löffelbiskuits in passende Gläser füllen und mit der Hälfte der Espresso-Likör-Mischung beträufeln (das geht am besten mithilfe einer kleinen Spritzflasche). Die Kastaniencreme in einen Spritzbeutel füllen und die Hälfte der Creme auf den Löffelbiskuits verteilen. Nochmals je eine Lage Löffelbiskuits und Kastaniencreme einschichten und das Tiramisu mindestens 3 Stunden kühl stellen.

4 Inzwischen für die kandierten Maronen den Zucker in einem Topf goldgelb karamellisieren. Die Maronen und die Butter dazugeben und die Maronen im Karamell wenden. Mit dem Cognac und dem Amaretto ablöschen, aufkochen, vom Herd nehmen und auskühlen lassen.

5 Zum Servieren das Kastanientiramisu mit Kakao bestäuben und mit den kandierten Maronen servieren.

Mein Tipp

Statt der Löffelbiskuits können Sie für das Tiramisu auch einen fertigen Biskuitboden verwenden und aus dem Teig in der Größe der Gläser Kreise ausstechen. Alternativ kann man das Tiramisu natürlich auch in eine kleine Auflaufform schichten.

Dolci

Schokoladencrêpes-Cannelloni mit Mango-Passionsfrucht-Mousse

Zutaten für 6 Personen
Für die Mango-
Passionsfrucht-Mousse:
5 Blatt weiße Gelatine
1 EL Zitronensaft
25 ml Wodka
400 g Mangofruchtfleisch
(püriert)
100 g Passionsfrucht-
Fruchtfleisch (püriert)
3 Eiweiß (ca. 100 g)
75 g Zucker
400 g geschlagene Sahne

Für das Mango-
Passionsfrucht-Ragout:
1 reife Mango
4 Passionsfrüchte
50 g Zucker

Für die Schokoladencrêpes:
1/4 l Milch
50 g Zucker
2 Eier
25 g flüssige Butter
85 g Mehl
25 g Kakaopulver
Butter zum Ausbacken

1   Für die Mango-Passionsfrucht-Mousse die Gelatine in kaltem Wasser einweichen. Den Zitronensaft mit dem Wodka in einem kleinen Topf lauwarm erhitzen, die Gelatine ausdrücken und darin auflösen.

2   Das Mango- und Passionsfruchtpüree verrühren, die aufgelöste Gelatine unterrühren und die Masse im Kühlschrank leicht anziehen lassen. Die Eiweiße mit dem Zucker zu steifem Schnee schlagen und vorsichtig unterheben. Die Masse im Kühlschrank etwas gelieren lassen und die geschlagene Sahne vorsichtig unterheben. Die Mousse mit Frischhaltefolie zudecken und mindestens 2 Stunden kühl stellen.

3   Für das Mango-Passionsfrucht-Ragout die Mango schälen, das Fruchtfleisch zuerst vom Stein und dann in kleine Würfel schneiden. Die Passionsfrüchte halbieren und die Fruchtkerne mit einem Esslöffel auslösen.

4   Den Zucker in einem Topf goldgelb karamellisieren. Die Passionsfruchtkerne dazugeben und köcheln lassen, bis der Zucker sich aufgelöst hat. Die Mangowürfel dazugeben und das Ragout vom Herd nehmen.

5   Für die Schokoladencrêpes die Milch mit dem Zucker, den Eiern, der Butter, dem Mehl und dem Kakaopulver in einer Schüssel zu einem glatten Teig verrühren. Den Teig durch ein Spitzsieb passieren. Etwas Butter in einer beschichteten Pfanne erhitzen und darin aus dem Teig nacheinander 6 dünne Crêpes ausbacken.

6   Die Mango-Passionsfrucht-Mousse in einen Spritzbeutel füllen. Zum Füllen die Crêpes einzeln auf eine Lage Frischhaltefolie legen und die Mousse in einem Streifen mittig auf jede Crêpe spritzen. Die Crêpe über die Mousse schlagen, mithilfe der Frischhaltefolie einrollen und an den Enden gerade abschneiden. Die gerollten Crêpes diagonal halbieren und jeweils 2 »Cannelloni« mit dem Mango-Passionsfrucht-Ragout auf Desserttellern anrichten.

Mein Tipp

Dazu passt ein Mango-Passionsfrucht-Sorbet: Dafür 250 g Zucker mit 1/4 l Wasser aufkochen und abkühlen lassen. 400 g Mango- und 100 g Passionsfruchtpüree untermischen. Die Masse in der Eismaschine oder im Tiefkühlfach zu Sorbet gefrieren lassen.

Dolci 161

Für die Mousse die geschlagene Sahne vorsichtig unter die Mango-Passionsfrucht-Masse heben.

Für das Ragout die Passionsfrüchte halbieren und die Fruchtkerne mit einem Esslöffel auslösen.

Die Mousse in einen Spritzbeutel füllen und auf jede Crêpe mittig einen Streifen spritzen.

Die Crêpe über die Mousse schlagen und mithilfe der Frischhaltefolie aufrollen.

Dolci

Die Äpfel schälen und auf der Gemüsereibe grob raspeln.

Die Apfelraspel in ein feines Küchentuch geben und den Saft gut ausdrücken.

Die Strudelteigblätter mit flüssiger Butter bestreichen. Je 2 Blätter diagonal aufeinanderlegen.

Den Gewürzapfelsaft durch ein feines Sieb gießen. Die Apfelwürfel in dem Gewürzsud aufkochen.

Dolci 163

Ricotta im Knusperblatt mit Gewürzapfelragout

Zutaten für 4 Personen
Für den Ricotta im Knusperblatt:
50 g Ricotta
45 g Crème fraîche
1 Eigelb
1 TL Vanillepuddingpulver
3–4 kleine Äpfel
1 Eiweiß · 1 EL Zucker
8 Strudelteigblätter
(à 10 x 10 cm; aus dem
Kühlregal)
flüssige Butter zum Bestreichen und für die Förmchen
Zucker für die Förmchen
Puderzucker zum Bestäuben

Für das Gewürzapfelragout:
4 Äpfel
1 Vanilleschote
50 g Zucker
1/2 l Apfelsaft
1 Zimtstange
2 Sternanis
6 Pimentkörner
3 Zimtblüten
1 EL Speisestärke
2 cl Calvados
(franz. Apfelbranntwein)

1   Für den Ricotta im Knusperblatt den Ricotta mit der Crème fraîche, dem Eigelb und dem Puddingpulver verrühren. Die Äpfel schälen und auf der Gemüsereibe grob raspeln, die Kerngehäuse entfernen. Die Apfelraspel in ein feines Küchentuch geben, den Saft gut ausdrücken und die Apfelraspel unter die Ricottamasse mischen. Das Eiweiß mit dem Zucker zu steifem Schnee schlagen und unter die Ricottamasse heben.

2   Den Backofen auf 180 °C vorheizen. Die Strudelteigblätter mit flüssiger Butter bestreichen und diagonal aufeinanderlegen. Vier Portionsförmchen (z. B. Muffinförmchen) mit Butter einfetten und mit Zucker ausstreuen.

3   Die Strudelteigblätter in die Förmchen drücken und die Ricottamasse darauf verteilen. Die Teigblätter über der Füllung zusammendrehen. Die Päckchen mit Puderzucker bestäuben und im Ofen auf der mittleren Schiene 15 bis 20 Minuten goldgelb backen.

4   Inzwischen für das Gewürzapfelragout die Äpfel vierteln, schälen, entkernen und in kleine Würfel schneiden. Die Vanilleschote der Länge nach aufschneiden und das Mark mit einem spitzen Messer herauskratzen. Den Zucker in einem Topf goldgelb karamellisieren und mit dem Apfelsaft ablöschen. Die Vanilleschote und das -mark sowie die restlichen Gewürze hinzufügen und den Saft auf die Hälfte einköcheln lassen. Den Gewürzsud durch ein feines Sieb gießen und die Apfelwürfel darin aufkochen.

5   Die Speisestärke mit dem Calvados glatt rühren und in die kochende Flüssigkeit geben. Das Apfelragout nochmals aufkochen und in einer Schüssel auf Zimmertemperatur abkühlen lassen.

6   Den Ricotta im Knusperblatt vorsichtig aus den Förmchen heben und mit Puderzucker bestäuben. Mit dem Gewürzapfelragout und nach Belieben mit je 1 Kugel Vanille- oder weißem Schokoladeneis auf Desserttellern anrichten.

Mein Tipp

Für eine sommerliche Variante kann man die Ricottafüllung statt mit Äpfeln mit klein gewürfelten Erdbeeren zubereiten. Dazu passen dann mit Orangenlikör und abgeriebener unbehandelter Zitronenschale marinierte Erdbeeren.

Rhabarbertartelettes mit Himbeermark und Meringue

Zutaten für 6 Stück

Für den Mürbeteig:
200 g Mehl · 100 g Zucker
150 g weiche Butter
2 Eigelb · Salz

Für den Belag:
10 Stangen Rhabarber
185 g Zucker
50 g Himbeermark
Saft von 1 Zitrone
etwas geriebene Tonkabohne
1 EL Speisestärke
3 cl Orangenlikör
(z. B. Grand Marnier)

Für die Meringue:
3 Eiweiß (ca. 100 g)
75 g Zucker
75 g Puderzucker

Außerdem:
Butter für die Formen
Mehl für die Arbeitsfläche

1 Für den Mürbeteig das Mehl, den Zucker, die Butter, die Eigelbe und 1 Prise Salz in eine Schüssel geben und mit den Knethaken des Handrührgeräts zu einem glatten Teig verkneten. Den Teig zu einer Kugel formen, in Frischhaltefolie wickeln und im Kühlschrank etwa 1 Stunde ruhen lassen.

2 Inzwischen für den Belag den Rhabarber putzen, schälen, längs halbieren und in gleich große Würfel schneiden. Die Rhabarberwürfel mit dem Zucker, dem Himbeermark, dem Zitronensaft und der geriebenen Tonkabohne in einen Topf geben und unter ständigem Rühren zum Kochen bringen. Durch ein feines Sieb gießen, dabei die Flüssigkeit in einem Topf auffangen. Den Rhabarber beiseitestellen.

3 Den Rhabarbersud nochmals aufkochen. Die Speisestärke mit dem Likör verrühren und die kochende Flüssigkeit damit binden. Die Rhabarberstücke zurück in den Topf geben und in dem Sud auskühlen lassen.

4 Den Backofen auf 180 °C vorheizen. Sechs Tarteletteformen (etwa 10 cm Durchmesser) mit Butter einfetten. Den Teig auf der bemehlten Arbeitsfläche dünn ausrollen und 6 Kreise ausschneiden, die etwas größer als die Formen sind. Die Formen mit den Teigkreisen auskleiden und den Teig mit einer Gabel mehrmals einstechen. Die Tartelettes im Ofen auf der mittleren Schiene 8 bis 10 Minuten goldgelb backen. Herausnehmen, abkühlen lassen und vorsichtig aus den Formen lösen.

5 Für die Meringue die Eiweiße in einer Schüssel zu steifem Schnee schlagen, dabei nach und nach die beiden Zuckersorten einrieseln lassen. Die Meringue in einen Spritzbeutel füllen.

6 Den Rhabarber auf die Tartelettes verteilen, rautenförmig mit der Meringue verzieren und trocknen lassen.

Mein Tipp

Tonkabohnen stammen aus Südamerika, erinnern mit ihrer Form an Mandeln und werden wie Muskatnüsse fein gerieben. Ich verwende sie besonders gern, weil sie Desserts ein feines, vanilleähnliches Aroma geben. Man sollte sie sparsam dosieren.

Dolci 165

Die Rhabarberstangen putzen, schälen, längs halbieren und in gleich große Würfel schneiden.

Die Tonkabohne auf der Muskatreibe fein reiben.

Die Tartletteformen mit dem Teig auskleiden und den Teig mit einer Gabel mehrmals einstechen.

Die Meringue in einen Spritzbeutel füllen und die Rhabarbertartelettes rautenförmig verzieren.

Register

Auberginen-Caponata mit Garnelen und Basilikumöl 18
Auberginenravioli mit Tomaten-Vongole-Sugo 76

Brasato rosa vom Hirschkalbsrücken mit Maronenpolenta 122

Caesar Salad, Polettos, mit Pfefferthunfisch 30
Café-Crème-brulée mit Zwetschgenröster 156
Calamaretti, gefüllte, auf Pimientos-Crostini 12
Carpaccio-Crostini mit Rucola und Parmesan 24
Confierte Entenkeule mit Graupenrisotto 112

Dorade in der Salzkruste mit Peperonata 86

Entenbrust, glasierte, mit Räucheraalbohnen 110
Entenkeule, confierte, mit Graupenrisotto 112

Fiorentina mit Barolosauce und Rosmarinkartoffeln 140
Fischeintopf, toskanischer, mit Safranrouille 46
Fonduta mit Polenta und Bresaola 38
Fritto misto mit Knoblauchmayonnaise 104

Gambas »Carabiniero« auf Couscous mit Chorizosauce 102
Gefüllte Calamaretti auf Pimientos-Crostini 12
Gefüllte Nordseescholle mit Pfifferlingen und Lardo di Colonnata 88
Gefüllte Rotbarbe mit Mandelschaum und Venerisotto 92
Gegrillte Jakobsmuscheln mit Mango-Apfel-Vinaigrette 20
Gegrillter Schwertfisch mit Tomaten-Brot-Salat 96
Geschmorte Kaninchenkeulen mit Chorizo, Paprika und Kartoffeln 124
Geschmorte Lammschulter mit Mangold-Linsen-Salat 146

Geschmorter Ochsenschwanz mit Selleriepüree und Senffrüchten 142
Getrüffeltes Perlhuhn in der Salzkruste 108
Glasierte Entenbrust mit Räucheraalbohnen 110
Gnocchi mit Gorgonzolasauce und gehackten Pistazien 78
Gratinierte Makkaroni mit Polpette und Taleggio 66
Grundrezepte:
Hühnerbrühe selbst machen 34
Nudelteig selbst machen 68
Ofentomaten selbst machen 50
Tomatensugo selbst machen 50

Handgemachte Tortelloni alla carbonara mit Pancetta 72
Heilbutt an der Gräte gebraten mit Romanesco und Koriandersauce 100
Hühnerbrühe selbst machen 34

Involtini vom Fasan mit weißem Pfefferkraut 116

Jakobsmuscheln, gegrillte, mit Mango-Apfel-Vinaigrette 20

Kabeljaufilet mit Artischockengemüse 94
Kalbskotelett alla milanese mit Bohnensalat 132
Kalbsleber auf venezianische Art 136
Kalbstafelspitz, langsam gegarter, mit geschmortem Spitzkohl 130
Kaninchenkeulen, geschmorte, mit Chorizo, Paprika und Kartoffeln 124
Kaninchen-Tajine mit grünen Oliven 126
Kastanientiramisu mit kandierten Maronen 158
Kichererbsensuppe mit Nordseekrabben 40

Lammkeule aus dem Ofen mit gratinierten Artischocken 148
Lammschulter, geschmorte, mit Mangold-Linsen-Salat 146
Langsam gegarter Kalbstafelspitz mit geschmortem Spitzkohl 130

Lasagne alla Poletto mit Steinchampignons 70
Lauwarmer Salat von gegrillter Paprika und Pulpo 14
Linsensuppe mit Räucheraal 44

Makkaroni, gratinierte, mit Polpette und Taleggio 66
Maronenhuhn, winterliches, mit Kräuterfüllung 114
Maronensuppe mit gebratenen Jakobsmuscheln 42
Minestrone mit Basilikumpesto 36

Nordseescholle, gefüllte, mit Pfifferlingen und Lardo di Colonnata 88
Nudelsalat mit Rucola, Fenchelsalami und Tomaten 58
Nudelteig selbst machen 68

Ochsenschwanz, geschmorter, mit Selleriepüree und Senffrüchten 142
Ofentomaten selbst machen 50
Orecchiette mit Brokkoli und Büffelmozzarella 60
Ossobuco alla milanese mit Gremolata und Risotto 134

Panna cotta mit Orangenlikör-Himbeer-Gelee 152
Pappardelle mit Wildbolognese und Pfifferlingen 64
Pasta e fagioli mit Venusmuscheln 62
Penne mit Kalbsleber, Radicchio und Speck 56
Perlhuhn, getrüffeltes, in der Salzkruste 108
Pfifferlingsalat, warmer, mit Kaninchenfiletspießen 28
»Polettini« al vino rosso mit Pfifferling-Bohnen-Gemüse 118
Polettos Caesar Salad mit Pfefferthunfisch 30

Rhabarbertartelettes mit Himbeermark und Meringue 164
Ricotta im Knusperblatt mit Gewürzapfelragout 162
Rigatoni mit weißem Thunfisch und Kirschtomaten 52

Rinderschmorbraten mit Rotweinzwiebeln 138
Rotbarbe, gefüllte, mit Mandelschaum
   und Venerisotto 92
Rotbarsch im Ganzen gebraten 90

Saiblingsfilet mit Kartoffelsalat und
   Orangen-Salsa-verde 98
Salat, lauwarmer, von gegrillter Paprika
   und Pulpo 14
Schokoladencrêpes-Cannelloni mit
   Mango-Passionsfrucht-Mousse 160
Schweinebraten mit Pancetta-
   Kartoffeln 144
Schwertfisch, gegrillter, mit
   Tomaten-Brot-Salat 96
Spargelrisotto, weißer, mit Scampi
   und Minze 82
Steinpilzrisotto mit Kräutern und
   Vogelbeeren 80

Tatar vom Ochsenfilet mit
   geröstetem Landbrot 22
Tomatenpizzette mit Sardinenfilets 16
Tomatensugo selbst machen 50
Tortelloni, handgemachte, alla
   carbonara mit Pancetta 72
Toskanischer Fischeintopf mit
   Safranrouille 46

Vitello tonnato – Kalbsbraten mit
   Thunfischsauce 26

Warmer Pfifferlingsalat mit
   Kaninchenfiletspießen 28
Weinbergpfirsich aus dem Ofen mit
   Amaretto-Zabaglione 154
Weißer Spargelrisotto mit Scampi
   und Minze 82
Wildschweinragout mit Haselnuss-
   Spätzle 120

Winterliches Maronenhuhn mit
   Kräuterfüllung 114

Ziegenricotta-Tortelloni mit Saubohnen
   in Salbeibutter 74
Zitronenspaghetti mit marinierten
   Lachswürfeln 54

Bildnachweis:

Von Dirk Schmidt stammen das Cover-
foto und die Porträtaufnahmen auf den
Seiten 6–7 und 9 sowie die Kapitel-
aufmacher. Die restlichen Porträtfotos
wurden von Andrea Kramp und Bernd
Gölling produziert.

Informationen und Bezugsquellen:

Alles Wissenswerte über Cornelia Poletto, ihr Restaurant und ihre Kochschule erfahren Sie unter www.poletto.de.

Die Gewürzmischungen von Cornelia Poletto und andere ausgefallene
Gewürze, wie z. B. die Rotweingewürze, können Sie im Internet bei
www.1001gewuerze.com bestellen.

Feinkost und Delikatessen, wie etwa Taggiasca-Oliven, Pimientos
Asados oder Aceto balsamico mit Apfel, werden im Internet z. B. von
www.bosfood.de oder www.oliva–verde.de vertrieben.

Der Verlag und Cornelia Poletto danken den Firmen Unicate Manufaktur,
KWC, All-Clad, Dibbern, Alessi und Porzellanmanufaktur Fürstenberg für
die freundliche Unterstützung der Fotoproduktion.